21世纪应用型创新实践实训教材

# 基础会计实训教程

田建芳 ◎ 主 编

清华大学出版社
北 京

## 内 容 简 介

本书是为会计学、财务管理等相关专业的本科和大专院校学生而编写的实训教材。按照基础会计的知识体系,针对学生在学习基础会计课程中的困难,通过重点和难点的学习和大量实训习题的安排,帮助学生更好地理解基础会计的课程框架和概念,掌握基本会计业务的处理方法,尽早建立起对会计课程的认识,提高会计处理能力。

**图书在版编目(CIP)数据**

基础会计实训教程/田建芳主编. —北京:清华大学出版社,2021.12
21世纪应用型创新实践实训教材
ISBN 978-7-302-59696-7

Ⅰ. ①基⋯ Ⅱ. ①田⋯ Ⅲ. ①会计学-高等职业教育-教材 Ⅳ. ①F230

中国版本图书馆 CIP 数据核字(2021)第 263022 号

责任编辑:高晓蔚
封面设计:汉风唐韵
责任校对:王荣静
责任印制:曹婉颖

出版发行:清华大学出版社
    网  址:http://www.tup.com.cn,http://www.wqbook.com
    地  址:北京清华大学学研大厦 A 座   邮  编:100084
    社 总 机:010-62770175      邮  购:010-62786544
    投稿与读者服务:010-62776969,c-service@tup.tsinghua.edu.cn
    质量反馈:010-62772015,zhiliang@tup.tsinghua.edu.cn
印 装 者:北京同文印刷有限责任公司
经  销:全国新华书店
开  本:185mm×260mm  印 张:9.5     字  数:180 千字
版  次:2021 年 12 月第 1 版       印  次:2021 年 12 月第 1 次印刷
定  价:39.00 元

产品编号:086904-01

# 21 世纪应用型创新实践实训教材
## 编委会

# 序

国家"互联网+"战略的实施加速了"大智移云"时代的到来,给经济活动和社会发展带来深远影响。企业财会工作向信息化、智能化转变,财会工作岗位所要求的理论素养和实践技能也随之发生深刻变革。这一变革对于高等院校人才的培养模式、教学改革以及学校转型发展都提出了新的要求。自2015年起,上海市教育委员会持续开展上海市属高校应用型本科试点专业建设工作,旨在提高学生综合素质,增强学生创新和实践能力。

上海海事大学会计学专业始创于1962年,是恢复高考后于1978年在上海市与原交通部所属院校中率先复办的专业,以会计理论与方法在水运行业的应用为特色。进入21世纪后,上海海事大学会计学专业对于会计人才的培养模式进行了全方位的探索与实践,被列入上海市属高校应用型本科试点专业建设,将进一步促进专业的发展、增强专业的应用特色。

教材是实现人才培养目标的重要载体,依据"应用型本科试点专业"的目标定位与人才培养模式的要求,上海海事大学经济管理学院组织编撰"21世纪应用型创新实践实训系列教材"。本系列教材具有以下特点:

(1) 系统性。本系列教材不仅涵盖会计学专业核心课程的实践技能,还涵盖管理学、经济学和统计学等学科基础课程的实践技能,并注重课程之间的交叉和衔接,从不同维度培养学生的实践与应用能力。

(2) 真实性。本系列教材的部分内容来源于企业的真实资料,例如《中级财务会计实训教程》《成本会计实训教程》《审计学实训教程》中涉及的资料,部分来源于某大型交通制造业企业;《财务软件实训教程》中的资料来源于财务软件业知名企业;《财务管理实践教程》中的资料来源于运输企业。

(3) 创新性。本系列教材在内容结构上进行了新的探索与设计,突出了按照会计岗位对应实践技能需求的特色,教学内容得到了优化整合。

(4) 校企融合性。本系列教材的编撰人员具有丰富的教学和实践经验,既有双师型高校教师,也有企业会计实务专家。

相信本系列教材的出版,在更新知识体系、增强学生实践创新能力、培养应用型人才等方面能够发挥预期的作用,提升应用型本科试点专业的建设水平。

2020 年 7 月

# 前　言

　　基础会计是会计学的入门课程,但对于初学者来说,由于缺乏对会计工作环境的认识和对会计专业术语的理解,学习起来可能比较困难。本实训教程为基础会计课程提供配套的课堂练习和课后作业,任课老师可以采用本教材中的实训习题布置作业,满足学生课后练习的需要。教材设计的一系列基础会计实训案例,可以为学生课后讨论提供素材;可以满足基础会计课程改革的需要,在课程中嵌入若干个实训课时。

　　我们考虑到不同的基础会计教材章节编排差异性较大,本教程的编写采取求同存异的原则,章节体系的制定较为常见,可以辅助教师完成学生实训任务,满足实际教学的需要。本教程内容分为各章基础内容和综合实训案例,每章内容包括:学习内容和目标、实训目的、重点与难点、实训习题。附录为读者提供了各章实训习题参考答案。第十章基础会计实训案例包括背景资料和要求,为开放性讨论案例,无标准答案。教师可通过书末教学支持说明获取相关教辅资源。

　　各章编写分工如下:田建芳负责编写第一章绪论、第八章财产清查和第九章财务会计报告;郭琳负责编写第二章会计要素与会计等式;王藤燕负责编写第三章账户与复式记账、第四章会计业务基本流程与会计凭证、第六章成本计算和第七章账簿与期末业务的处理;陈辉发负责编写第五章生产企业日常经济业务的核算。案例部分由参与编写的老师共同完成,田建芳负责全书总纂。

　　通过学习实训教程,可实现如下目的:(1)循序渐进地掌握基础会计相关内容。通过各章内容实训,对各部分有较为深入的认识与掌握。(2)全面、系统地了解会计核算的全过程。通过案例实训,模拟会计实际工作的环境,掌握各种会计核算方法的运用,理解从经济业务到会计信息的全过程。(3)为后续会计专业课程的学习奠定基础。对基础会计学习内容的牢固掌握,可巩固基本理论知识,强化基本技能的训练,为后续学习打下坚实的基础。

　　本书的编写出版受到上海市属高校第五批应用型本科试点专业(上海海事大学会计专业建设经费支持,在此表示感谢。

　　由于编者水平有限,书中难免存在错误与不足之处,恳请读者给予批评指正。

编　者

# 目 录

# 第一章

# 绪　论

## 一、学习内容和目标

- 学习和掌握会计学的基本概念,特别是会计的含义;
- 了解会计的职能与目标,会计的任务与作用;
- 理解会计核算的专门方法及其作用。

## 二、实训目的

　　通过实训习题的练习,可以使初学者对于会计学有一个初步的概念,对会计与社会环境的关系,会计的含义、目标、用户以及会计核算的方法等基础知识有所认识。希望学生可以通过了解会计产生与发展的背景,认识到会计是适应生产活动发展而产生的,同时伴随着生产活动的发展而发展和完善。通过对会计内涵的理解,对会计知识体系建立起初步的概念框架,并且在学习会计职能、目标、任务、作用的过程中,不断加深对于会计的理解。由于会计是通过专门方法来实现会计的目标,完成会计任务的,所以本章学习的首要目的就是对于设置账户、复式记账、填制和审核凭证、登记账簿、成本计算、财产清查和编制财务报告这 7 种核算方法有初步的了解。

## 三、重点和难点

### 1. 会计与社会环境的关系

　　会计是适应生产活动发展的需要而产生的。生产活动是人类赖以生存和发展的基础,也是人类最基本的实践活动。在生产活动过程中,一定是先有投入(耗费),后有产出(收入),会计就是记录生产过程的耗费与收入的基本活动,通过比较投入与产出,判断是否有经济效益,从而为社会经济发展提供信息。

### 2. 会计的含义

　　一般认为,会计是一种经济管理活动,它以货币作为主要计量单位,对企业、事业单位或者其他组织的经济活动进行连续、系统、全面的反映和监督的一种管理活动。会计的反映职能是指会计能够按照公认的会计准则与要求,通过一定的程序和方法,全面、系统、及时、准确地将一个会计主体所发生的会计事项表现出来,以达到为经营管理提供经济信息的目的。会计的监督职能是指会计按照一定的目的和要求,利用会计信息系统所提供的信息,对会计主体的经济活动进行控制,监督经济活动按照有关的法规和计划进行,使之达到预期的目的。

### 3. 会计的目标

会计的目标通常有两种观点:决策有用观认为,财务会计的目标就是向信息使用者提供对其进行决策有用的信息;受托责任观认为,财务报告的作用在于报告企业管理当局在运用企业资源过程中的成功与失败,即资源的受托方承担有效地管理与运用受托资源,并使其保值增值的责任。

### 4. 会计的用户

会计信息的使用者就是会计的用户,他们利用会计数据作为与其相关的信息,做出符合其目的的决策。他们通常和会计主体存在一定的利益关系,包括投资者、债权人、管理者、员工、供应商、顾客、政府、税务机关以及社会团体和公众等。

### 5. 会计核算的方法

会计有专门的方法,可以将企业、事业、机关单位的经济活动内容加工成为信息使用者进行决策所需要的会计信息。具体方法包括:设置账户、复式记账、填制和审核凭证、登记账簿、成本计算、财产清查和编制会计报表等。

## 四、实训习题

### (一)单项选择题

1. 会计对经济活动进行综合反映,主要是利用(　　)。
   A. 实物量度　　　　B. 劳动量度　　　　C. 货币量度　　　　D. 工时量度

2. 下列选项中符合会计管理活动论观点的是(　　)。
   A. 会计是一种经济信息活动
   B. 会计是一个经济信息系统
   C. 会计是一项管理经济系统的工具
   D. 会计是以提供经济信息、提高经济效益为目的的一种管理活动

3. 下列选项中不属于会计核算专门方法的是(　　)。
   A. 成本计算与复式记账　　　　　　　B. 错账更正与分析
   C. 设置账户与填制审核会计凭证　　　D. 登记账簿与编制报表

4. 下列选项中属于会计的基本职能的是(　　)。

　　A. 控制与监督　　　B. 反映与监督　　　C. 反映与核算　　　D. 反映与分析

5. 下列选项中属于近代会计史中的两个里程碑的是(　　)。

　　A. 帕乔利复式簿记著作的出版和会计职业的出现

　　B. 生产活动中出现剩余产品和会计萌芽的产生

　　C. 会计学基础理论的创立和会计方法的产生

　　D. 首次出现"会计"二字连用和设置了"司会"官职

6. 在大中型企业中,做组织企业会计工作和经济核算工作的是(　　)。

　　A. 厂长　　　　B. 注册会计师　　　C. 高级会计师　　　D. 总会计师

7. 会计对象是指会计所反映和监督的内容,即(　　)。

　　A. 会计的主体　　B. 会计的客体　　C. 会计假设　　D. 会计科目

8. 自 2000 年 7 月 1 日起实施的新《会计法》规定,对本单位的会计工作和会计资料的真实性、完整性负责的是(　　)。

　　A. 会计人员　　　　　　　　　B. 总会计师

　　C. 单位负责人　　　　　　　　D. 会计主管人员

9. 会计核算所提供的经济信息要与信息使用者作出经济决策相关联,体现的会计核算原则是(　　)。

　　A. 客观性　　　　B. 一致性　　　　C. 有用性　　　　D. 及时性

### (二)多项选择题

1. 下列选项中属于会计反映职能一般特征的有(　　)。

　　A. 具有客观性

　　B. 以货币为主要计量单位

　　C. 具有连续性、系统性、全面性

　　D. 体现在记账、算账、报账三个阶段上

　　E. 包括事前反映、事中反映、事后反映

2. 下列选项中属于会计监督职能显著特征的有(　　)。

　　A. 谨慎性和及时性　　　B. 强制性和严肃性　　　C. 连续性和具体性

　　D. 完整性和连续性　　　E. 及时性和具体性

3. 下列选项中属于会计的具体任务的有(　　)。

　　A. 反映和监督法规、准则、制度的执行情况,维护财经纪律

　　B. 提供会计信息,加强经营管理

　　C. 计算生产成本,评价财务成果

　　D. 预测经济前景,参与经营决策

　　E. 反映和监督经营活动和财务收支

4. 下列选项中属于财务会计学的有（　　）。

    A. 实证会计　　　　　　B. 企业会计　　　　　　C. 成本会计

    D. 非营利组织会计　　　E. 国际会计

5. 会计人员的主要职责有（　　）。

    A. 做好会计基础工作，如实反映情况

    B. 贯彻执行和维护国家财经方针、政策和纪律

    C. 参与经营管理，讲求经济效益

    D. 编制企业的经营计划

## （三）判断题

1. 会计在产生的初期，只是作为"生产职能的附带部分"，之后随着剩余产品的不断减少，会计逐渐从生产职能中分离出来，成为独立的职能。（　　）

2. 一般认为，在会计学史上，将帕乔利复式簿记著作的出版和会计职能的出现视为近代会计史中的两个里程碑。（　　）

3. 会计的职能构建了会计的信息系统和会计的反映系统。（　　）

4. 会计可反映过去已经发生的经济活动，也可反映未来可能发生的经济活动。

    （　　）

5. 会计反映具有连续性，而会计监督只具有强制性。（　　）

6. 会计的反映职能具体体现在记账、算账、报账三个阶段。（　　）

7. 会计目标的决策有用观要求两权分离必须通过资本市场进行。（　　）

8. 狭义的会计方法是指会计核算方法。（　　）

9. 会计七大核算方法是一个完整的方法体系。（　　）

10. 会计学科体系中包括理论会计学和应用会计学两大部分。（　　）

## （四）简答题

1. 根据"管理活动论"的观点，会计的含义是怎样的？

2. 会计的基本职能有哪些？各有哪些特征？

3. 简述会计目标的基本含义及内容。

4. 会计核算的方法包括哪些内容？

# 第二章

# 会计要素与会计等式

## 一、学习内容和目标

- 学习和掌握会计要素的含义与内容；
- 理解会计要素之间的关系，掌握会计等式的含义；
- 掌握经济业务对会计要素与会计等式的影响。

## 二、实训目的

通过实训习题的练习，使学生能够理解会计要素对于会计核算的作用，能够领会会计要素是对会计对象所作的基本分类，是会计核算对象的具体化。使学生能掌握六大会计要素的含义，能够理解资产负债表会计要素与利润表会计要素的划分，能够理解上述会计要素与主要会计报表结构的关系。使学生能够掌握会计要素之间的关系，理解会计等式的原理，理解会计等式在会计核算中的基础性作用。使学生能够掌握具体经济业务对会计要素与会计等式的影响，能够对基本的会计核算框架有基础和总体的认识。

## 三、重点与难点

### 1. 会计要素的含义

会计要素是对会计对象的基本分类，是会计对象的具体化，是反映会计主体的财务状况和经营成果的基本单位。它们又分为反映财务状况的会计要素（资产、负债、所有者权益）和反映经营成果的会计要素（收入、费用、利润）两大类。

### 2. 反映财务状况的会计要素

资产是指由过去的交易或者事项形成的，由企业拥有或者控制，预期会给企业带来经济利益的资源。该资源在未来一定会给企业带来某种直接或间接的现金或现金等价物的流入。资产的确认须满足以下几个条件，或者说，资产具有以下几个基本特征：(1)资产是由以往事项所导致的现时权利；(2)资产必须为某一特定主体所拥有或者控制;(3)资产能为企业带来未来的经济利益。除此之外,资产作为一项经济资源,与其有关的经济利益必须是很可能地流入企业,而且该资源的成本或者价值能够被可靠地计量。企业的资产按其流动性的不同可以划分为流动资产和非流动资产。

负债是指由过去的交易或事项所形成的,预期会导致经济利益流出企业的现时义务。负债具有如下特征:(1)负债是由以往事项所导致的现时义务;(2)负债在将来必须以债权人所能接受的经济资源来加以清偿;(3)负债与其形成现实义务有关的经济利益很可能流出企业,而且在未来流出企业经济利益的金额能够可靠地计量。负债按照其流动性不同,可以分为流动负债和非流动负债。

所有者权益也称股东权益,是指资产扣除负债后由所有者享有的剩余权益。它在数值上等于企业全部资产减去全部负债后的余额。其实质是企业从投资者手中所吸收的投入资本及其增值,同时也是企业进行经济活动的"本钱"。所有者权益包括所有者投入的资本、直接计入所有者权益的利得和损失、留存收益等。

**3. 反映经营成果的会计要素**

收入是指企业在日常活动中形成的,会导致所有者权益增加,并与所有者投入资本无关的经济利益的总流入。收入只有在经济利益很可能流入,导致企业资产增加或者负债减少,而且经济利益的流入额能够可靠计量时才能予以确认。收入具有以下特征:(1)收入从企业的日常活动中产生,而不是从偶发的交易或事项中产生;(2)收入可能表现为企业资产的增加,也可能表现为企业负债的减少,或者二者兼而有之;(3)收入最终能导致企业所有者权益的增加;(4)收入只包括本企业经济利益的流入,而不包括为第三方或客户代收的款项。收入主要包括主营业务收入、其他业务收入和投资收益等。

费用是指企业在日常活动中发生的,会导致所有者权益减少,并与向所有者分配利润无关的经济利益的总流出。费用具有如下特征:(1)费用产生于过去的交易或事项;(2)费用可能表现为资产的减少,也可能表现为负债的增加,或者二者兼而有之;(3)费用能导致企业所有者权益的减少,但与向所有者分配利润无关。费用只有在经济利益很可能流出企业,而且流出额能够可靠计量时才能确认为费用。

利润是指企业在一定会计期间的经营成果,包括收入减去费用后的净额、直接计入当期利润的利得和损失等。利润具体指营业利润、利润总额和净利润。

**4. 会计等式**

会计等式也称为会计平衡公式,它是表明各会计要素之间基本关系的恒等式。

静态会计等式:资产=负债+所有者权益

动态会计等式:收入-费用=利润

扩展的会计等式:资产=负债+所有者权益+(收入-费用)

资产、负债、所有者权益、收入、费用和利润这六大会计要素之间存在着一种恒等关系。会计等式反映了这种恒等关系,因而它始终成立。任何经济业务的发生都不会破坏会计等式的平衡关系。

## 四、实训习题

### （一）单项选择题

1. 反映企业经营成果的会计要素是（　　）。

    A. 资产        B. 收入        C. 负债        D. 所有者权益

2. 反映企业最终经营成果的会计要素是（　　）。

    A. 收入        B. 资产        C. 费用        D. 利润

3. 资产总额减负债总额后的余额也称为（　　）。

    A. 收入        B. 利润        C. 费用        D. 净资产

4. 下列不属于负债的特点的是（　　）。

    A. 是过去的交易、事项所构成的现时义务

    B. 是企业拥有或控制的经济资源

    C. 是企业未来经济利益的流出

    D. 能以货币计量，是可以确定或估计的

5. 下列哪项不属于企业的收入（　　）。

    A. 销售商品所得收入        B. 提供劳务所得收入

    C. 为第三方客户代收的款项        D. 让渡资产使用权所得收入

6. 下列各项目中属于动态会计要素的是（　　）。

    A. 收入        B. 负债        C. 资产        D. 所有者权益

7. 一笔经济业务同时引起资产和负债的增加，这笔经济业务是（　　）。

    A. 用库存现金购置原材料        B. 接受投资者投入的机器设备

    C. 用银行存款偿还长期借款        D. 向银行借款存入银行账户

8. 下列各项中，会引起资产和负债同时增加的是（　　）。

    A. 将现金存入银行        B. 赊购原材料

    C. 以银行存款归还短期借款        D. 向银行借款偿还应付账款

9. 能引起资产总额和负债总额同时减少的经济业务是（　　）。

    A. 用银行存款购买设备        B. 接受投资者投入的设备

    C. 赊购原材料        D. 用银行存款支付欠款

10. 下列业务中，资产与所有者权益同时增加的是（　　）。

    A. 用库存现金购买办公用品        B. 向投资者发放股利

    C. 接受投资者投入的厂房        D. 向银行借款存入银行存款户

11. 下列引起资产内部有增有减此增彼减，而资产总额不变的经济业务是（　　）。

    A. 用银行存款购置设备          B. 用银行存款支付租金

    C. 赊销商品                    D. 赊购原材料

12. 下列经济业务中,会引起一项负债减少,而另一项负债增加的是( )。

    A. 用银行存款购买材料          B. 以银行存款归还银行借款

    C. 向银行借款偿还应付账款      D. 将银行借款存入银行

13. 某公司年初全部负债为 25 000 元,年末为 19 000 元,资产总额年末比年初增加 11 000 元。则该年度所有者权益增加( )元。

    A. 17 000          B. 6 000          C. 11 000          D. 25 000

14. 某企业月初总资产为 300 万元,当月发生两笔经济业务:(1)购买固定资产 20 万元,价款未付;(2)用银行存款归还短期借款 30 万元。月末企业的权益总额为( )万元。

    A. 290          B. 350          C. 250          D. 310

15. 某企业的所有者权益是其总资产的 1/4,债权人权益为 24 000 元,则所有者权益为( )元。

    A. 8 000          B. 32 000          C. 6 000          D. 18 000

16. 某企业资产总额为 2 000 000 元,现发生下列两笔经济业务:

(1) 收到某投资者投入机器设备一台,价值 200 000 元;

(2) 以银行存款购入原材料一批 80 000 元,料已入库。

此时企业的权益总额为( )元。

    A. 2 000 000        B. 2 200 000        C. 2 280 000        D. 2 120 000

## (二)多项选择题

1. 会计要素是( )。

    A. 对会计对象进行的基本分类      B. 构成会计报表的基本框架

    C. 复式记账的理论依据          D. 设置会计科目的基本依据

2. 发生费用可能引起( )。

    A. 资产减少,负债增加          B. 资产减少,费用增加

    C. 利润增加,费用减少          D. 利润减少,费用增加

3. 反映会计主体经营成果的会计要素是( )。

    A. 资产       B. 负债          C. 费用          D. 收入

4. 反映会计主体财务状况的会计要素是( )。

    A. 资产       B. 负债          C. 费用          D. 收入

5. 企业的收入会带来( )。

    A. 资产的流入               B. 企业所有者权益的增加

    C. 企业负债的增加            D. 企业负债的减少

6. 一项所有者权益减少的同时,可能会引起(　　　)。

    A. 一项资产增加 　　　　　　　　　 B. 一项负债增加

    C. 另一项所有者权益减少 　　　　　　 D. 一项资产减少

7. 企业用银行存款支付前欠的货款时,对企业各会计要素的影响有(　　　)。

    A. 一项负债的增加 　　　　　　　　　 B. 一项所有者权益的减少

    C. 一项资产的减少 　　　　　　　　　 D. 一项负债的减少

8. 在下列各项业务中,不影响资产总额的有(　　　)。

    A. 用银行存款购入原材料 　　　　　　 B. 从银行提取现金

    C. 用银行存款购入 A 公司股票 　　　　 D. 用银行存款预付材料定金

9. 企业的经济业务能引起(　　　)。

    A. 资产和权益同时增加,且增加金额相等

    B. 资产和权益此增彼减,变动金额相等

    C. 资产内部项目的此增彼减,但资产和权益总额保持不变

    D. 权益内部项目的此增彼减,但资产和权益总额保持不变

## (三) 判断题

1. 资产是预期会给企业带来经济利益的经济资源。不能给企业带来未来经济利益的资源不能确认为资产。(　　　)

2. 所有者权益是指企业资产扣除负债后由所有者享有的剩余权益。(　　　)

3. 企业预期在未来发生的交易或事项能够形成资产。(　　　)

4. 负债在多数情况下要现金进行偿还,有些情况下也可以用商品或其他资产或者通过提供劳务的方式进行偿还。(　　　)

5. 资产和权益是相互联系、相互依存的,从数量上看,有一定的资产,就必然有对应这些资产的权益。(　　　)

6. 负债是需要企业在将来转移资产或提供劳务加以清偿的一种义务,因此负债具有不确定性或不可估计金额。(　　　)

7. 收入不仅包括本企业经济利益的流入,也包括为第三方或客户代收的款项。(　　　)

8. 如果企业拥有或控制的某项经济资源预期不能给企业带来经济利益,则该项经济资源不能作为企业的资产。(　　　)

9. 所有者权益是指投资人对企业全部资产的所有权。(　　　)

10. 会计等式表明:有一定数额的资产,就必然有相等数额的所有者权益。(　　　)

## (四) 名词解释

1. 会计要素

2. 收入

3. 费用

4. 资产

5. 所有者权益

6. 利润

7. 负债

8. 会计基本等式

## (五) 业务核算题

1. 海大公司 2018 年 6 月 30 日,资产负债表显示资产总计 70 000 元,所有者权益总额 50 000 元。债权人权益 20 000 元。该工厂 2018 年 7 月份经济业务如下:

(1) 购入全新机器一台,价值 5 000 元,以银行存款支付。

(2) 投资者投入原材料,价值 10 000 元。

(3) 将一笔长期借款 5 000 元转化为企业投资。

(4) 从银行提取现金 200 元备用。

(5) 以银行存款偿还所欠供应单位账款 1 000 元。

(6) 以银行存款归还短期借款 5 000 元。

(7) 收到购买单位所欠账款 8 000 元,收存银行。

(8) 向银行借入短期借款 10 000 元,存入银行存款户。

(9) 收到购买单位所欠货款 6 000 元,其中 5 000 元转入银行存款户,1 000 元以现金收讫。

(10) 以银行存款 10 000 元归还短期借款 8 000 元,以及所欠供应单位账款 2 000 元。

要求:根据 7 月份发生的经济业务,分析说明引起会计要素情况以及对会计等式的影响。并计算 7 月末海大公司资产总计、负债总计和所有者权益总计。

2. 大海公司 8 月发生如下经济业务:

(1) 5 日销售产品收入 200 000 元,款已收存入银行;

(2) 12 日销售产品收入 10 000 元,款尚未收到;

(3) 15 日购买材料 120 000 元,款已用银行存款支付;

(4) 31 日以银行存款支付所欠乙单位货款 50 000 元;

(5) 本月销售产品的费用为 120 000 元;

(6) 本月应交所得税为 27 000 元,税款尚未缴纳。

要求:根据以上业务,将每笔业务填入表 2-1。

表 2-1  8 月经济业务利润总额及净利润表                                      元

| 项目 | 资产 | | 负债 | | 所有者权益 | | 收入 | 费用 |
| --- | --- | --- | --- | --- | --- | --- | --- | --- |
| | 增加 | 减少 | 增加 | 减少 | 增加 | 减少 | | |
| 1 | | | | | | | | |
| 2 | | | | | | | | |
| 3 | | | | | | | | |
| 4 | | | | | | | | |
| 5 | | | | | | | | |
| 6 | | | | | | | | |

# 第 三 章

## 账户与复式记账

### 一、学习内容和目标

- 理解和掌握会计科目和账户的区别与联系；
- 理解和掌握六要素中各类账户借方和贷方反映的内容；
- 熟练使用会计分录记录企业经济活动。

### 二、实训目的

本章主要介绍会计科目和账户的概念、性质，并阐述复式记账法的使用规则，目的是为初学者能了解会计科目，编制正确的会计分录，通过实践准确地使用借贷记账法进行账务处理。通过本章的学习和实训，能够理解企业会计信息的变化，熟练掌握和运用借贷记账法来记录企业的经济业务。

### 三、重点与难点

1. 设置会计科目和账户，可以将会计要素划分为不同的类别，更清楚地了解会计信息的变化及其结果，满足企业内外部对会计信息的需要。

2. 借贷记账法是目前通用的记账方法，掌握其试算平衡方法和记账规则，并能在经济业务发生时运用借贷记账法进行账务处理。

3. 会计分录是针对会计主体发生的经济业务进行分析后的结果，正确处理各种经济业务能够将经济信息转化为会计信息。

### 四、实训习题

#### （一）单项选择题

1. 会计科目是（　　）。
　　A. 会计账户的名称　　　　　　　　B. 会计要素的名称

　　C. 会计报表的名称　　　　　　　　D. 会计账簿的名称

2. 以下各项目属于会计科目的是(　　　)。

　　A. 欠供应单位料款　　　　　　　　B. 所有者投资

　　C. 银行存款　　　　　　　　　　　D. 未分配利润

3. 每一项经济业务的发生,都会影响(　　　)账户记录发生增减变化。

　　A. 一个　　　　　　B. 两个　　　　　　C. 两个或更多　　　D. 全部

4. 在借贷记账法下,应付账款账户的贷方表明(　　　)。

　　A. 企业债权的增加　　　　　　　　B. 企业债务的减少

　　C. 企业债务的增加　　　　　　　　D. 企业债权的减少

5. 下列账户本期发生额减少登记在借方的是(　　　)。

　　A. 管理费用　　　　B. 财务费用　　　　C. 短期借款　　　　D. 制造费用

6. 本月购入原材料 5 000 元,各车间领用 3 500 元,退回 200 元,月末结存为 2 000

元,则材料上月结存为(　　　)元。

　　A. 300　　　　　　B. 700　　　　　　C. 500　　　　　　D. 900

7. 所有者权益类账户中四项金额的关系式是(　　　)。

　　A. 期末贷方余额＝期初贷方余额＋借方本期发生额－贷方本期发生额

　　B. 期末贷方余额＝期初贷方余额＋借方本期发生额＋贷方本期发生额

　　C. 期末贷方余额＝期初贷方余额－借方本期发生额＋贷方本期发生额

　　D. 期末贷方余额＝期初贷方余额－借方本期发生额－贷方本期发生额

8. 下列属于成本类的账户是(　　　)。

　　A. 应收账款　　　　B. 主营业务成本　　C. 原材料　　　　　D. 生产成本

9. 体现损益类账户期末余额特点的是(　　　)。

　　A. 一般没有余额　　　　　　　　　B. 借方余额

　　C. 贷方余额　　　　　　　　　　　D. 借贷方都有余额

10. 关于会计分录的说法,正确的是(　　　)。

　　A. 会计分录必须一借一贷,不允许一借多贷或者多借一贷,更不允许多借多贷

　　B. 会计分录必须既有借方又有贷方,且借方余额合计应等于贷方余额合计

　　C. 会计分录允许只借不贷,也可以只贷不借

　　D. 会计分录必须既有借方又有贷方,但借方金额合计不一定等于贷方金额合计

11. 下列业务能够导致资产和所有者权益同时减少的是(　　　)。

　　A. 投资者投入固定资产　　　　　　B. 企业出售一台固定资产

　　C. 企业支付银行借款利息　　　　　D. 以现金形式向投资者分配利润

12. 采用复式记账的方法,主要是为了(　　　)。

　　A. 便于登记账簿　　　　　　　　　B. 全面地反映企业资金运动的过程

　　C. 提供会计工作效率　　　　　　　D. 便于会计人员的分工协作

13. 会计科目与账户的联系体现在(　　)。

　　A. 两者反映的经济内容是一样的　　　　B. 两者的结构相同

　　C. 两者能记录、整理会计信息　　　　　D. 两者登记的依据一致

14. 会计分录的要素不包括(　　)。

　　A. 摘要　　　　　　B. 借贷方向　　　　C. 发生金额　　　　D. 会计科目

15. 关于账户的基本结构,以下说法错误的是(　　)。

　　A. 账户分为左右两方,一方登记增加,另一方登记减少

　　B. 对于资产、成本、费用类账户:期末余额=期初余额+本期借方发生额-本
　　　期贷方发生额

　　C. 成本费用类账户期末一定没有余额

　　D. 账户余额的方向一般与增加额方向相同

16. 下列错误可以通过试算平衡发现的是(　　)。

　　A. 某项经济业务没有入账

　　B. 经济业务入账时借贷方向混淆

　　C. 入账时借贷金额同时多记 900 元

　　D. 入账时借方记 100 元,贷方记 1 000 元

17. 账户左右两方,哪一方登记增加数,哪一方登记减少数,余额在哪方,取决于(　　)。

　　A. 记录的经济业务　　　　　　　　　B. 管理方法

　　C. 账户性质　　　　　　　　　　　　D. 账户级别

18. 借贷记账法下,"借""贷"作为记账符号(　　)。

　　A. 分别表示"增加""减少"

　　B. 分别表示"借主""贷主"

　　C. 同一分录中,两方的金额可以不相等

　　D. 没有经济意义

19. 属于简单会计分录的是(　　)。

　　A. 一借一贷　　　B. 多借多贷　　　C. 一借多贷　　　D. 多借一贷

20. 下列账户中,月末余额在借方的是(　　)。

　　A. 实收资本　　　B. 原材料　　　　C. 主营业务收入　　D. 长期借款

## (二) 判断题

1. 复式记账法由于是同时在相互关联的账户中进行登记,所以能检查账簿记录是否
正确。　　　　　　　　　　　　　　　　　　　　　　　　　　　　(　　)

2. 所有的账户都是依据会计科目设置的。　　　　　　　　　　　　　(　　)

3. 总分类账户对所属明细分类账户具有统驭作用,明细分类账户对总分类账户具有
补充说明作用。　　　　　　　　　　　　　　　　　　　　　　　　(　　)

4. 账户的借方发生额等于贷方发生额合计。　　　　　　　　　（　　）

5. 权益类账户发生增加额时登记在账户的贷方,发生减少额时登记在账户的借方。

（　　）

6. 借贷记账法下进行发生额试算平衡,若借贷双方不平衡,说明记账肯定有错误,若借贷双方平衡,说明记账没有错误。　　　　　　　　　（　　）

7. 经济业务的发生可以在使一个资产项目增加的同时,使另一个资产项目也增加。

（　　）

8. 借贷记账法在账户结构上设置借方和贷方两个金额栏,借方记增加,贷方记减少。

（　　）

9. 账户的期末余额方向通常和记录增加发生额的一方在同一方向。　（　　）

10. 为了满足会计核算质量的要求,会计科目的设置越多越好。　（　　）

## （三）名词解释

1. 会计科目
2. 账户
3. 复式记账法
4. 借贷记账法
5. 会计分录

## （四）简答题

1. 简述设置会计科目的意义,会计科目与会计要素之间的关系。
2. 企业经济业务发生引起的会计要素变化会不会影响会计等式的平衡关系,为什么?
3. 借贷记账法下的试算平衡如何进行?

## （五）业务核算题

1. 甲企业发生 4 月份发生下列经济业务:
（1）收回应收账款 50 000 元,存入银行。
（2）购入原材料,货款 40 000 元,原材料已验收入库,货款尚未支付。
（3）用银行存款偿还应付账款 20 000 元。
（4）用应付票据 10 000 元偿还应付账款。
（5）收到投资人追加投资 40 000 元并存入银行。
（6）购入原材料,货款 10 000 元,原材料已验收入库,甲企业开出商业汇票。
要求:编制上述业务的会计分录。

2. 乙企业有关经济业务的分录见表 3-1。

要求：根据会计分录说明可能发生的业务。

表 3-1 乙企业有关经济业务分录 　　　　　　　　　　　　　　　元

| 序号 | 会计分录 | | 根据会计分录说明可能发生的业务 |
|---|---|---|---|
| (1) | 借：银行存款<br>　贷：实收资本 | 2 800 000<br>　　2 800 000 | |
| (2) | 借：在途物资<br>　贷：应付账款<br>　　　银行存款 | 85 000<br>　　80 000<br>　　5 000 | |
| (3) | 借：银行存款<br>　贷：短期借款 | 100 000<br>　　100 000 | |
| (4) | 借：管理费用<br>　贷：库存现金 | 2 800 000<br>　　2 800 000 | |
| (5) | 借：其他应收款——张某<br>　贷：库存现金 | 2 000<br>　　2 000 | |
| (6) | 借：生产成本<br>　　制造费用<br>　贷：原材料 | 3 000<br>　1 000<br>　　4 000 | |
| (7) | 借：库存现金<br>　贷：银行存款 | 580 000<br>　　580 000 | |
| (8) | 借：管理费用<br>　　库存现金<br>　贷：其他应收款——张某 | 1 580<br>　420<br>　　2 000 | |
| (9) | 借：应付职工薪酬<br>　贷：库存现金 | 580 000<br>　　580 000 | |
| (10) | 借：原材料<br>　贷：在途物资 | 85 000<br>　　85 000 | |

3. 丙企业 5 月 31 日有关账户的期初余额和本期发生额情况见表 3-2。

表 3-2 丙企业有关账户的期初余额和本期发生额情况表 　　　　　　元

| 账户名称 | 期初余额 | 借方发生额 | 贷方发生额 | 期末余额 |
|---|---|---|---|---|
| (1) 银行存款 | 300 000 | (1) 40 000<br>(2) 10 000 | (3) 100 000<br>(4) 80 000 | (5) |
| (2) 原材料 | 40 000 | (1) 30 000<br>(2) | (3) 3 000<br>(4) 10 000 | (5) 100 000 |
| (3) 固定资产 | 280 000 | (1) 200 000<br>(2) 120 000 | (3) 70 000<br>(4) | (5) 400 000 |
| (4) 短期借款 | 300 000 | (1) 200 000<br>(2) 300 000 | (3) 800 000<br>(4) 70 000 | (5) |
| (5) 应付账款 | 170 000 | (1) 30 000<br>(2) | (3) 50 000<br>(4) 90 000 | |

续表

| 账户名称 | 期初余额 | 借方发生额 | 贷方发生额 | 期末余额 |
|---|---|---|---|---|
| （6）管理费用 | 0 | （1）5 000<br>（2）30 000 | （3） | 0 |
| （7）销售费用 | 0 | （1）7000<br>（2） | （3）80 000<br>（4）21 000 | 0 |

要求：根据所给的资料计算出各账户的相关余额。

4. 丁企业某年年初资产总额 840 000 元。1月份发生下列经济业务。

（1）1月5日，收到大东公司前欠货款 28 000 元，存入银行。

（2）1月9日，向银行取得短期借款 68 000 元，存入银行。

（3）1月15日，接受宏达工厂的投资款 74 000 元，存入银行。

（4）1月23日，以银行存款 49 000 元，归还前欠武钢货款。

（5）1月27日，以银行存款购置一台新设备，价值 37 600 元。

（6）1月30日，销售产品一批，价款 82 000 元，银行已收 42 000 元，余款对方暂欠。

（7）1月30日，以现金支付行政管理人员工资共计 20 000 元。

要求：根据经济业务分析确定应借、应贷账户的名称和金额，并编制会计分录。

# 第 四 章

# 会计业务基本流程与会计凭证

## 一、学习内容和目标

- 理解原始凭证的基本内容、种类和填制要求;
- 掌握记账凭证的基本内容、种类和要求;
- 掌握会计记录经济业务的基本流程。

## 二、实训目的

本章主要介绍会计凭证的编制要求和内容,并详细阐述企业经济业务中各流程的账务处理,目的是让初学者了解会计凭证,掌握企业不同经济业务的确认和记录,通过实践提高记录企业经济业务的能力。通过本章的学习,要求理解原始凭证和记账凭证的内容、种类和编制要求,熟练掌握企业经济业务的会计处理与核算。

## 三、重点与难点

1. 原始凭证是经济业务发生时取得或编制的,用来记录经济业务发生或完成的原始依据。原始凭证是具有法律效力的书面证明,可以分为自制原始凭证和外来原始凭证。

2. 记账凭证是会计人员根据审核无误的原始凭证,按照经济业务的内容进行归纳整理,确定会计分录并据此填制的会计凭证,是登记会计账簿的直接依据,与原始凭证共同反映经济业务的真实内容和来龙去脉。

## 四、实训习题

### (一)单项选择题

1. 将同类经济业务汇总编制的原始凭证称为(　　)。

　　A. 一次凭证　　　　　　　　　　B. 累计凭证

　　C. 记账凭证　　　　　　　　　　D. 汇总原始凭证

2. 下列不属于会计凭证的是( )。

　　A. 收料单　　　　　　B. 发货票　　　　　C. 限额领料单　　　D. 现金日记账

3. 对外来原始凭证进行真实性审核的内容不包括( )。

　　A. 填制单位公章和填制人员签章是否齐全

　　B. 经济业务的内容是否真实

　　C. 是否有本单位公章和经办人签章

　　D. 填制凭证的日期是否真实

4. 企业所编制的会计分录不应体现在( )上。

　　A. 收款凭证　　　　　B. 付款凭证　　　　C. 转账凭证　　　　D. 原始凭证

5. 下列凭证属于自制原始凭证的是( )。

　　A. 银行收款通知　　　　　　　　　　　B. 付款凭证

　　C. 从购买方获得的销售发票　　　　　　D. 销售商品所开具的销售发票

6. ( )是用来编制会计分录的依据。

　　A. 原始凭证　　　　　B. 收款凭证　　　　C. 付款凭证　　　　D. 转账凭证

7. 收款凭证表头列示的会计科目是( )。

　　A. 借方科目　　　　　　　　　　　　　B. 贷方科目

　　C. 借方或贷方科目　　　　　　　　　　D. 不能确定

8. 下列有关记账凭证的说法不正确的是( )。

　　A. 记账凭证的填制与审核的作用主要在于：一方面防止不应该登入账簿的业务
　　　　进入会计账簿；另一方面确保该登入的业务都正确的进入会计账簿

　　B. 会计分录在我国会计实际工作中就是记账凭证

　　C. 在会计电算化的情况下,记账凭证分为收款凭证、付款凭证和转账凭证的意义
　　　　不大了

　　D. 记账凭证登记的依据全部是原始凭证

9. 现金和银行存款之间的划转应编制( )。

　　A. 现金收款凭证　　　　　　　　　　　B. 银行存款付款凭证

　　C. 转账凭证　　　　　　　　　　　　　D. 银行存款收款凭证

10. 专用记账凭证的类别不包括( )。

　　A. 付款凭证　　　　　　　　　　　　　B. 收款凭证

　　C. 转账凭证　　　　　　　　　　　　　D. 复式记账凭证

## (二) 判断题

1. 记账凭证的填制日期与原始凭证的填制日期应当一致。　　　　　　　　　( 　　 )

2. 收款凭证、付款凭证和转账凭证都属于复式记账凭证。　　　　　　　　　( 　　 )

3. 记账凭证一般由会计人员填制。　　　　　　　　　　　　　　　　　　　( 　　 )

4. 记账凭证是根据有关账簿记录填制的。                           (    )

5. 日记账是根据记账凭证逐日逐笔进行登记的。               (    )

6. 企业在交易过程中,取得的外来原始凭证均属于一次凭证。 (    )

7. 企业取得原始凭证后不经审核就可直接编制记账凭证。   (    )

8. 自制原始凭证是由企业财会部门自行填制的原始凭证。   (    )

## (三) 名词解释

1. 会计凭证
2. 原始凭证
3. 记账凭证

## (四) 简答题

1. 记账凭证与原始凭证有什么联系?

2. 为什么对记账凭证进行审核,审核应包括哪些内容?

3. 记账凭证有哪些分类? 试用何种业务?

4. 分析会计凭证、会计账簿、会计报表之间的关系。

## (五) 业务核算题

1. 甲企业在 2017 年 8 月份发生了以下 3 笔业务:

(1) 8 月 1 日,从银行提取现金 5 000 元备用。

(2) 8 月 5 日,从银行取得短期借款 100 000 元,款已存入银行。

(3) 8 月 9 日,购买原材料 50 000 元,货款尚未支付。

要求:根据上述经济业务编写会计分录,并填制记账凭证(收、付、转)。

2. 乙公司 2017 年 9 月发生下列经济业务(假设不考虑增值税):

(1) 5 日,向银行借入短期借款 500 000 元,存入企业账户。

(2) 10 日,管理人员刘红出差,预借差旅费 2 000 元,现金付讫。

(3) 12 日,生产车间领用材料 20 000 元用于产品生产。

(4) 20 日,现金支付管理部门办公费 500 元。

(5) 25 日,购买材料一批,价值 18 000 元,材料入库,款项以银行存款支付。

(6) 26 日,销售产品一批,售价 20 000 元,款项收到存入银行。

(7) 27 日,以银行存款偿还前欠应付材料款 10 000 元。

(8) 28 日,销售产品一批,售价 15 000 元,款项尚未收到。

(9) 30 日,购买一台设备,价值 100 000 元,设备交付使用,款项以银行存款支付。

要求:根据以上资料编制会计分录。

3. 丙公司 2017 年 10 月发生以下收付款业务：

(1) 10 月 2 日，职工刘华出差，预借 600 元差旅费，以现金支付。

(2) 10 月 8 日，刘华出差回来，报销 700 元，财务人员审核凭证无误，以现金支付刘华垫支的 100 元。

(3) 10 月 11 日，以银行存款支付北方公司的货款 8 000 元。

(4) 10 月 16 日，从银行取得短期借款 60 000 元。

(5) 10 月 20 日，支付公司水电费 5 000 元，以银行存款支付。

(6) 10 月 27 日，收到南方公司 10 000 元的欠款，已入账。

要求：根据以上经济业务编制会计分录。

# 第 五 章

# 企业主要经济业务的核算

## 第一节　资金筹集业务的核算

### 一、学习内容和目标

- 理解所有者权益资金筹集业务和负债资金筹集业务的概念及其区别；
- 掌握实收资本业务和资本公积业务的内容及核算方法；
- 掌握短期借款业务和长期借款业务的区别及核算方法。

### 二、实训目的

　　本节主要介绍所有者权益资金筹集以及负债资金筹集两种主要的企业资金筹集方式，并且详细阐述实收资本业务、资本公积业务，短期借款业务和长期借款业务的含义、分类及其核算过程，目的是让初学者了解企业资金筹集方法，掌握不同资金筹集业务的会计处理，通过实践提高应用会计核算方法的能力。通过本节学习，要求理解企业资金筹集相关业务内容、账户设置和主要业务的账户对应关系，熟练掌握"实收资本""资本公积""短期借款""长期借款"等账户的具体运用以及相关业务核算。

### 三、重点与难点

#### （一）资金筹集业务的主要内容

　　对于一个企业而言，形成其资产的资金来源主要有两种渠道：一是投资者的投资，形成投资者的权益，该部分业务可以称为所有者权益资金筹集业务；二是向债权人借入的资金，形成债权人的权益，该部分业务可以称为负债资金筹集业务。

### （二）所有者权益资金筹集业务的核算

#### 1. 实收资本与资本公积的区别

表 5-1 实收资本与资本公积的区别

| | 实 收 资 本 | 资 本 公 积 |
|---|---|---|
| 来源和性质 | 投资者按照企业章程或合同、协议的约定，实际投入企业并依法进行注册的资本，它体现了企业所有者对企业的基本产权关系 | 投资者的出资中超出其在注册资本中所占份额的部分，以及直接计入所有者权益的利得和损失，它不直接表明所有者对企业的基本产权关系 |
| 用途 | 其构成比例是确定所有者参与企业财务经营决策的基础，也是企业进行利润分配或股利分配的依据，同时还是企业清算时确定所有者对净资产要求权的依据 | 主要是用来转增资本（或股本）。资本公积不体现各所有者的占有比例也不能作为所有者参与企业财务经营决策或进行利润分配（或股利分配）的依据 |

#### 2. 实收资本业务的核算

所有者向企业投入资本，即形成企业的资本金。企业的资本金按照投资主体的不同可以分为国家资本金、法人资本金、个人资本金和外商资本金。企业的资本金按照投资者投入资本的不同物质形态又分为货币资金出资，以及实物、知识产权、土地使用权等可以用货币估价并可以依法转让的非货币财产作价出资等。

"实收资本"账户的性质是所有者权益类，用来核算所有者投入企业的资本金变化过程及其结果，其贷方登记所有者投入企业资本金的增加，借方登记所有者投入企业资本金的减少，期末余额在贷方，表示所有者投入企业资本金的结余额。

#### 3. 资本公积业务的核算

企业资本公积的主要来源是所有者投入资本中超过法定资本份额的部分和直接计入资本公积的各种利得或损失等。

为了反映和监督资本公积的增减变动及其结余情况，会计上应设置"资本公积"账户，并设置"资本（或股本）溢价""其他资本公积"等明细账户。"资本公积"属于所有者权益类账户，其贷方登记从不同渠道取得的资本公积，即资本公积的增加数，借方登记用资本公积转增资本等资本公积的减少数，期末余额在贷方，表示资本公积的期末结余数。

### （三）负债资金筹集业务的核算

#### 1. 短期借款与长期借款的区别

表 5-2　短期借款与长期借款的区别

| | 短 期 借 款 | 长 期 借 款 |
|---|---|---|
| 借款期限 | 一年以内的借款(含 1 年) | 一年以上的借款 |
| 借款种类 | 经营周转借款、临时借款、结算借款、票据贴现借款、卖方信贷、预购定金借款和专项储备借款等 | 按照付息方式与本金的偿还方式可将长期借款分为分期付息到期还本长期借款、到期一次还本付息长期借款和分期偿还本息长期借款;按币种可分为人民币长期借款和外币长期借款;按用途可分为固定资产投资借款、更新改造借款、科技开发和新产品试制借款等;按机构可分为政策性银行贷款、商业银行贷款等 |
| 借款用途 | 一般是为了弥补企业自有流动资金的不足,属于企业流动负债,因此其利息应作为财务费用处理 | 在某种程度上起着企业正常生产经营所需资金的作用 |
| 借款利息费用处理 | 短期借款发生时直接计入当期费用 | 根据筹集长期借款的不同用途,或发生时直接计入当期费用,或予以资本化处理 |

**2. 短期借款业务的核算**

为了核算短期借款本金和利息,需要分别设置"短期借款""财务费用"和"应付利息"等账户。"短期借款"属于负债类账户,其贷方登记从不同渠道借入的短期借款,借方登记已经偿还的短期借款,期末余额在贷方,表示尚未偿还的短期借款;"财务费用"属于费用类账户,其借方登记应当支付的各种利息费用、手续费等,贷方登记期末转入"本年利润"账户的财务费用,经过结转后,本账户期末没有余额;"应付利息"属于负债类账户,其贷方登记应当支付而尚未支付的各种利息费用,借方登记已经支付的各种利息费用,期末余额在贷方,表示尚未支付的各种利息费用。

企业取得短期借款时,借记"银行存款"账户,贷记"短期借款"账户;期末计算借款利息时,借记"财务费用"账户,贷记"银行存款"或"应付利息"账户;偿还借款本金、支付利息时,借记"短期借款""应付利息"账户,贷记"银行存款"账户;采用预提的办法核算短期借款利息费用时,如果实际支付的利息与预提的利息之间有差额,按已预提的利息金额,借记"应付利息"账户,按实际支付的利息金额与预提金额的差额(尚未提取的部分),借记"财务费用"账户,按实际支付的利息金额,贷记"银行存款"账户。

**3. 长期借款业务的核算**

为了核算长期借款本金及利息的取得和偿还情况,需设置"长期借款"账户。"长期借款"属于负债类账户,其贷方登记从不同渠道借入的长期借款本金及应支付的利息费用,借方登记已经偿还的长期借款本金,期末余额在贷方,表示尚未偿还的长期借款本金和利息费用。

企业取得长期借款时,借记"银行存款"账户,贷记"长期借款"账户;计算利息时,如果是到期还本付息的未付利息,则借记"在建工程"或"财务费用"等账户,贷记"长期借款"账户;如果是分期付息的未付利息,则借记"在建工程"或"财务费用"等账户,贷记"应付利息"账户。偿还借款、支付利息时借记"长期借款"账户、"应付利息"账户和贷记"银行存款"账户。

## 四、实训习题

### (一)单项选择题

1. 企业发生的短期借款利息一般计入( )。
   A. 管理费用　　　　B. 财务费用　　　　C. 营业外支出　　　D. 制造费用

2. 关于资金筹集业务,下列说法中正确的有( )。
   A. 企业筹集资金渠道,一是企业的所有者,二是企业的债权人
   B. 长期借款是向债权人筹集资金的主要方式
   C. 从企业所有者处筹集的资金形成企业资本公积
   D. 公积金和未分配利润也是企业筹集资金的重要来源

3. 一个企业的所有者权益总额与( )总是相等。
   A. 资产总额　　　B. 负债总额　　　C. 净资产总额　　　D. 权益总额

4. 某企业接受货币资金投资 10 000 元,存入银行(假定不产生资本溢价),则应编制会计分录( )。
   A. 借:银行存款　10 000　　　　B. 借:银行存款　10 000
   　　贷:短期借款　　10 000　　　　　贷:长期借款　　10 000
   C. 借:银行存款　10 000　　　　D. 借:实收资本　10 000
   　　贷:实收资本　　10 000　　　　　贷:银行存款　　10 000

5. 实收资本是企业实际收到的投资者投入资本,它是企业( )中的主要组成部分。
   A. 资产　　　　　B. 负债　　　　　C. 所有者权益　　　D. 收入

6. 企业的资金筹集业务按( )分为所有者权益筹资和负债筹资。
   A. 资金来源　　　B. 资金运用　　　C. 资金分配　　　D. 资金的占用

7. 企业发生长期借款利息的情况下,借方不可能涉及的科目是( )。
   A. 管理费用　　　B. 应付利息　　　C. 财务费用　　　D. 在建工程

8. 关于短期借款,下列说法不正确的是( )。
   A. 短期借款的利息必须预提
   B. "短期借款"会计账户借方登记归还的短期借款

  C. 短期借款的期限在一年(含一年)以下

  D. 短期借款利息一律记入"财务费用"账户的借方

9. 下列会计科目中,核算企业收到投资者出资额超过其在注册资本中所占份额的科目的是(　　)。

  A. 资本公积　　　　B. 实收资本　　　　C. 盈余公积　　　　D. 营业外收入

10. A 上市公司发行普通股 1 000 万股,每股面值 1 元,每股发行价格 5 元,支付发行手续费 30 万元,A 公司发行普通股计入"资本公积——股本溢价"的金额是(　　)万元。

  A. 5 000　　　　B. 4 000　　　　C. 3 970　　　　D. 4 030

11. 短期借款是指企业为了满足其生产经营对资金的临时性需要而向银行或其他金融机构等借入的偿还期限在(　　)的各种借款。

  A. 3 个月　　　　B. 6 个月　　　　C. 1 年　　　　D. 2 年

12. 企业每期期末计提一次还本付息的长期借款利息,对其中应当予以资本化的部分,下列会计处理正确的是(　　)。

  A. 借记"财务费用"科目,贷记"长期借款"科目

  B. 借记"财务费用"科目,贷记"应付利息"科目

  C. 借记"在建工程"科目,贷记"应付利息"科目

  D. 借记"在建工程"科目,贷记"长期借款"科目

13. 实际支付短期借款利息时,如果支付的是尚未计提的利息,则会计处理为(　　)。

  A. 借:短期借款 贷:银行存款　　　　B. 借:财务费用 贷:银行存款

  C. 借:应付利息 贷:银行存款　　　　D. 借:财务费用 贷:应付利息

14. 下列会计科目中,核算企业收到投资者出资额超过其在注册资本中所占份额的科目的是(　　)。

  A. 资本公积　　　　B. 实收资本　　　　C. 盈余公积　　　　D. 营业外收入

15. 下列各项中,属于企业资金筹集业务的是(　　)。

  A. 购买生产所需机器设备　　　　B. 向银行借入短期借款

  C. 新进一批原材料　　　　D. 结转期间费用

16. 关于长期借款,下列说法正确的是(　　)。

  A. 长期借款的利息必须预提

  B. "长期借款"会计账户贷方登记归还的长期借款

  C. 长期借款利息一律记入"财务费用"账户的借方

  D. 长期借款的借款期限一般在一年以上

17. 假设企业每月末计提利息,企业每季度末收到银行寄来的短期借款利息付款通知单时,应贷记(　　)科目。

  A. 库存现金　　　　B. 银行存款　　　　C. 财务费用　　　　D. 应付利息

18. 甲企业收到乙企业作为资本投入的专利权一项,该专利权按照投资合同约定的价值为 200 000 元。假设合同约定价值和公允价值相符,不考虑其他因素。该企业在进行会计处理时,应编制的会计分录是( )。

A. 借：无形资产　200 000　　　　B. 借：无形资产　200 000
　　贷：资本公积　　　200 000　　　　　　贷：盈余公积　　　200 000

C. 借：无形资产　200 000　　　　D. 借：无形资产　200 000
　　贷：未分配利润　　200 000　　　　　　贷：实收资本　　　200 000

19. 企业每期期末计提一次还本付息的长期借款利息,对其中应当予以资本化的部分,下列会计处理正确的是( )。

A. 借记"财务费用"科目,贷记"长期借款"科目

B. 借记"财务费用"科目,贷记"应付利息"科目

C. 借记"在建工程"科目,贷记"长期借款"科目

D. 借记"在建工程"科目,贷记"应付利息"科目

## (二)多项选择题

1. 企业接受投入不需要安装设备一台,价值 50 万元,该笔业务应当( )。

A. 借记"材料采购"50 万元　　　　B. 借记"固定资产"50 万元

C. 贷记"资本公积"50 万元　　　　D. 贷记"实收资本"50 万元

E. 借记"在建工程"50 万元

2. 所有者投入资本按照投资主体的不同可以分为( )。

A. 国家资本金　　　　　　　　　B. 法人资本金

C. 个人资本金　　　　　　　　　D. 外商资本金

E. 民间资本金

3. 计提长期借款计息的账务处理中,借方可能涉及的账户有( )。

A. 管理费用　　　　　　　　　　B. 财务费用

C. 在建工程　　　　　　　　　　D. 长期借款

E. 销售费用

4. 企业偿还长期借款本息时,可能涉及的科目有( )。

A. 长期借款——应计利息　　　　B. 财务费用

C. 银行存款　　　　　　　　　　D. 应付利息

E. 管理费用

5. 根据"资本公积"账户的来源不同,可以分为( )。

A. 资本溢价　　　　　　　　　　B. 其他资本公积

C. 实收资本　　　　　　　　　　D. 股本溢价

E. 未分配利润

6. 下列会计处理中,反映企业资金筹集业务的有(　　)。

　A. 借记"银行存款"科目,贷记"实收资本"科目

　B. 借记"固定资产"科目,贷记"银行存款"科目

　C. 借记"银行存款"科目,贷记"主营业务收入"科目

　D. 借记"银行存款"科目,贷记"长期借款"科目

　E. 借记"无形资产"科目,贷记"实收资本"科目

7. 短期借款的利息处理方法可以有(　　)。

　A. 采用预提方法,分期计入应付利息　　B. 一次计入财务费用

　C. 一次计入短期借款　　D. 采用预提方法分期计入短期借款

　E. 采取预提方法,分期计入应计利息

8. 某企业从银行借入短期借款 20 000 元,第一个月计提利息 1 200 元,下列账务处理程序确的有(　　)。

　A. 借记"银行存款"1 200 元　　B. 借记"财务费用"1 200 元

　C. 贷记"短期借款"1 200 元　　D. 贷记"应付利息"1 200 元

　E. 贷记"应计利息"1 200 元

9. 下列对长期借款利息费用的会计处理,正确的有(　　)。

　A. 筹建期间不符合资本化条件的借款利息计入管理费用。

　B. 筹建期间不符合资本化条件的借款利息计入长期待摊费用。

　C. 日常生产经营活动不符合资本化条件的借款利息计入财务费用。

　D. 符合资本化条件的借款利息计入相关资产成本。

　E. 筹建期间不符合资本化条件的借款利息计入营业外支出。

10. 企业借入的资金包括(　　)。

　A. 向银行或其他金融机构借入的资金

　B. 通过发行债券等筹集的资金

　C. 通过赊购货物的间接方式借入的资金

　D. 通过推迟付款的方式间接接入的资金

　E. 通过赊销货物形成的应收资金

11. A 公司收到 B 企业以机器设备出资,该机器设备原价为 100 万元,已提折旧 60 万元,投资合同约定该设备价值 50 万元,占注册资本 40 万元,假定不考虑其他因素,则关于 A 公司会计处理表述正确的有(　　)。

　A. A 公司固定资产的入账价值为 40 万元

　B. A 公司固定资产的入账价值为 50 万元

　C. A 公司应当确认的资本公积为 10 万元

C. A 公司应当确认的资本公积为 20 万元

E. A 公司固定资产的入账价值为 100 万元

12. 下列各项中,会导致企业实收资本增加的有(　　)。

A. 资本公积转增资本　　　　　　B. 接受投资者追加投资

C. 盈余公积转增资本　　　　　　D. 接受非流动资产捐赠

E. 未分配利润转增实收资本

13. 下列各项中,可以形成资本公积的有(　　)。

A. 盈余公积转入　　　　　　　　B. 股本溢价

C. 资本溢价　　　　　　　　　　D. 从企业实现的净利润提取

E. 从银行借入的款项

14. 长期借款的利息计入(　　)。

A. 购建固定资产符合条件的利息应计入"在建工程"。

B. 生产经营用借款利息计入"制造费用"。

C. 自行开发无形资产符合资本化条件的计入"研发支出"。

D. 筹建期不符合资本化条件的计入"管理费用"。

E. 生产经营用借款利息计入"财务费用"。

15. 下列属于资本公积来源的有(　　)。

A. 直接计入所有者权益的利得和损失

B. 直接计入当期损益的利得和损失

C. 所有者投入的超过注册资本所占份额的部分

D. 未分配利润

E. 处置无形资产形成的利得

16. 投资者向企业投入的资产投资可以是(　　)。

A. 机器设备　　　　　　　　　　B. 专利权

C. 土地使用权　　　　　　　　　D. 房屋和建筑物

E. 原材料

17. 下列项目中,属于借款利息的是(　　)。

A. 向银行和其他金融机构借入资金发生的利息

B. 发行公司债券所发生的利息

C. 发行公司债券所发生的溢价

D. 发行公司债券折价的摊销

E. 为购建固定资产而发生的带息债务所承担的利息

## (三)判断题

1. 我国目前实行的是注册资本制度,要求企业的实收资本应等于注册资本。(　　)

2."实收资本"科目借方登记实收资本的增加额,贷方登记实收资本的减少额。
（　　）

3.实收资本与资本公积都是所有者共同享有的资本。（　　）

4.企业用资本公积转增实收资本后,使所有者权益总额增加。（　　）

5.企业长期借款在筹建期间不符合资本化条件的借款利息计入长期待摊费用。
（　　）

6.企业负债与所有者权益的区别在于负债需要企业还本付息,而所有者权益则不需。
（　　）

7.企业可以用资本公积转增实收资本。（　　）

8.企业接受投资者以非新建资产投资时,应按投资合同或协议约定的价值确认资产的价值和在注册资本中应享有的份额,并将其差额确认为资本公积,但投资合同或协议约定的价值不公允的除外。（　　）

9.对于一次到期还本付息的长期借款,计算的计息计入长期借款——应计利息。
（　　）

10.资本公积不体现各所有者的占有比例,也不能作为所有者参与企业财产经营政策或进行利润分配的依据。（　　）

11.企业发生的借款利息费用均计入财务费用。（　　）

12.长期借款是为了满足生产经营周期资金不足的临时需要。（　　）

13.短期借款利息应按照用途不同,归集在管理费用、财务费用、制造费用等科目中。
（　　）

### （四）业务核算题

1.假设 A、B、C 三公司 20×7 年共同投资组成 ABC 有限责任公司。按 ABC 有限公司的章程规定,注册资本为 900 万元,A、B、C 三方各占 1/3 的股份。

(1)假定 A 公司以厂房投资:该厂房原值 500 万元,已提折旧 300 万元,投资各方确认的价值为 300 万元(同公允价值)。

(2)B 公司以价值 200 万元的新设备一套和价值 100 万元的一项专利权投资.其价值已被投资各方确认,并已向 ABC 公司移交了专利证书等有关凭证。

(3)C 公司以货币资金 300 万元投资,已存入 ABC 公司账户。

(4)2018 年 ABC 公司注册资本金扩大为 1 200 万元,这时吸收 D 公司加入,D 公司以货币资金 500 万元作为入股资金,占注册资本金的 25%。

要求:根据上述经济业务编制会计分录。

2.甲公司由于生产经营需要,发生以下资金筹集业务。

(1)甲公司 20×8 年 1 月 1 日从银行借入资金 270 万元,借款期限为 2 年,年利率为

7%（每年末付息一次，不计复利，到期还本），所借款项已存入银行。

（2）2018 年 1 月 30 日，甲公司用该借款购买不需安装的生产设备一台，价值 200 万元，增值税额为 34 万元，设备于当日投入使用。

（3）20×8 年 12 月 31 日，甲公司按照约定以银行存款支付借款利息费用。

要求：根据上述经济业务编制会计分录。

3. 某企业为建造一幢厂房，于 20×7 年 1 月 1 日借入期限为 2 年的长期专门借款 1 500 000 元，款项已存入银行。借款利率按市场利率确定为 9%，每年付息一次，期满后一次还清本金。20×7 年初，该企业以银行存款支付工程价款共计 9 000 000 元，20×8 年初，由以银行存款支付工程费用 600 000 元。该厂房于 20×8 年 8 月 31 日完工，达到预定可使用状态。假定不考虑闲置专门借款资金存款的利息收入或者投资收益。要求：根据上述经济业务，编制取得长期借款、计提长期借款利息、支付长期借款利息、支付工程价款和工程费用的会计分录。

4. 万宏公司 20×7 年第一季度发生下列经济业务：

（1）1 月 8 日，向工商银行借入期限为 1 年的借款 100 000 元，年利率为 6%，月末支付利息，到期还本，借款款项已存入银行。

（2）1 月 8 日，企业以银行存款方式支付银行办理短期存款业务的手续费 1 000 元。

（3）1 月 31 日，企业以银行存款支付短期借款利息。

（4）3 月 8 日，企业借入为期两年的借款 5 000 000 元用于建造生产线，预计建造时间 2 年，利率 7%，到期一次还本付息，款项已存入银行。

要求：根据上述经济业务编制会计分录。

## 第二节　供应过程业务核算

### 一、学习内容和目标

- 掌握固定资产购置业务和材料采购业务的概念及其区别；
- 掌握固定资产入账价值的具体构成内容及核算方法；
- 掌握实际成本法和计划成本法的区别及核算方法。

### 二、实训目的

本节阐述企业供应过程业务的核算，目的是使初学者了解企业供应过程业务的具体核算内容，并掌握其会计核算方法。通过本节学习，要求理解和掌握制造业企业在供应过程中的有关业务处理，具体表现为固定资产购置业务的核算和材料采购及成本计算业务的核算。

## 三、重点与难点

### （一）供应过程业务的主要内容

我们一般将企业的经营过程划分为供应过程、生产过程和销售过程。其中供应过程是为生产产品做准备的过程。为了生产产品，就要做好多方面的物资准备工作，其中较为重要的就是准备劳动资料，包括购建固定资产和购买原材料等。

### （二）固定资产购置业务的核算

#### 1. 固定资产入账价值的具体构成内容

《企业会计准则第 4 号——固定资产》规定，固定资产应当按照成本进行初始计量。固定资产取得时的实际成本是指企业购建固定资产达到预定可使用状态前所发生的一切合理的、必要的支出，它反映的是固定资产处于预定可使用状态时的实际成本。对于建造的固定资产已达到预定可使用状态，但尚未办理竣工决算的，会计准则规定应自达到预定可使用状态之日起，根据工程决算、造价或工程实际成本等相关资料，按估计的价值转入固定资产，并计提折旧。一般来说，构成固定资产取得时实际成本的具体内容包括买价、运输费、保险费、包装费、安装成本等。

#### 2. 固定资产的核算

为了核算企业购买和自行建造完成固定资产价值的变动过程及其结果，需要设置"固定资产"账户和"在建工程"账户。

"固定资产"账户用来核算企业拥有或控制的固定资产原价的增减变动及其结余情况。该账户的借方登记固定资产原价的增加，贷方登记固定资产原价的减少，期末余额在借方，表示固定资产原价的结余额。该账户应按照固定资产的种类设置明细账户，进行明细分类核算。在使用该账户时，必须注意只有固定资产达到预定可使用状态时，其原价已经形成，才可以记入"固定资产"账户。

"在建工程"账户用来核算企业为进行固定资产基建、安装、技术改造以及大修理等工程而发生的全部支出（包括安装设备的支出），并据以计算确定各该工程成本的账户。该账户借方登记工程支出的增加，贷方登记结转完工工程的成本。期末余额在借方，表示未完工工程的成本。"在建工程"账户应按工程内容，如建筑工程、安装工程、在安装设备、待摊支出以及单项工程等设置明细账户，进行明细核算。

### （三）材料采购业务的核算

#### 1. 实际成本法和计划成本法的区别

表 5-3　实际成本法与计划成本法的区别

|  | 实际成本法 | 计划成本法 |
|---|---|---|
| 含义 | 材料采用实际成本核算时,材料的收发及结存,无论总分类核算还是明细分类核算,均按照实际成本计价 | 材料采用计划成本核算时,材料的入库及结存,无论总分类核算还是明细分类核算,均按照计划成本计价 |
| 账户使用 | 购买的尚未验收入库材料的实际成本计入"在途物资"科目 | 购买的尚未验收入库材料的实际成本记入"材料采购"科目,同时实际成本和计划成本之间的差额记入"材料成本差异"科目 |
| 成本费用 | 实际成本可以直接转入 | 首先要将计划成本转入,然后将"材料成本差异"转入相关的成本费用中去 |
| 适用范围 | 反映不出材料成本是节约还是超支,从而不能反映和考核物资采购业务的经营成果,因此这种方法适用于材料收发业务较少的企业 | 可反映材料成本是节约还是超支,从而反映和考核物资采购业务的经营成果。适用材料收发业务较多且计划成本资料健全、准确的企业 |

**2. 原材料按实际成本计价的核算**

材料按实际成本核算,首先要注意实际成本包括的具体内容,即实际采购成本＝实际买价＋实际采购费用,其次要注意核算时涉及的账户及账务处理。涉及的相关账户包括"在途物资""应交税费——应交增值税(进项税额)""原材料""银行存款""应付账款""应付票据""生产成本"等。其中"在途物资"属于资产类账户,其借方登记外购材料物资的买价和采购费用,贷方登记已验收入库材料物资的实际采购成本,期末余额在借方,表示尚未到达或尚未验收入库的在途材料实际采购成本;"应交税费"属于负债类账户,其借方登记已缴纳的税费,贷方登记应缴纳的各种税费;"应交税费——应交增值税"账户是"应交税费"的明细账户,用来核算企业应缴纳的增值税账户;"应交税费——应交增值税(进项税额)"账户用来反映购进货物或接受劳务支付的进项税额;"原材料"属于资产类账户,其借方登记验收入库材料的实际成本,贷方登记领用材料的实际成本,期末余额在借方,表示结存材料的实际成本;"应付账款"属于负债类账户,其贷方登记应付供应单位的款项,借方登记归还供应单位的款项,期末余额在贷方,表示尚未偿还的款项;"应付票据"属于负债类账户,其贷方登记企业开出、承兑商业汇票的金额,借方登记收到银行付款通知后实际支付的款项,期末余额在贷方,表示企业开出尚未支付的应付票据金额;"生产成本"账户属于成本类账户,其借方登记应计入产品生产成本的各项费用,包括直接材料费用、直接人工费用和制造费用;贷方登记生产完工转出完工产品生产成本;期末余额在借方,表示企业尚未加工完成的在产品的成本。

原材料按实际成本计价核算常见的会计分录如下。

(1)尚未验收入库时

借:在途物资

　　应交税费——应交增值税(进项税额)

贷：银行存款（或应付账款等）

（2）验收入库时

借：原材料

　　贷：在途物资

（3）实际领用材料用于产品生产等时

借：生产成本等

　　贷：原材料等（实际成本）

**3. 原材料按计划成本计价的核算**

原材料按计划成本核算涉及的相关账户包括"材料采购""应交税费——应交增值税（进项税额）""材料成本差异""原材料""银行存款""应付账款""应付票据""生产成本"等。其中"材料采购"属于资产类账户，其借方登记外购材料物资的买价和采购费用，贷方登记已验收入库材料物资的计划成本，期末余额在借方，表示尚未到达或尚未验收入库的在途材料实际采购成本；"材料成本差异"属于资产类账户，用于核算企业各种材料的实际成本与计划成本的差异，其借方登记实际成本大于计划成本的差异额（超支差异）及发出材料应负担的节约差异，贷方登记实际成本小于计划成本的差异额（节约差异）以及发出材料应负担的超支差异，借方期末余额表示超支差异，贷方期末余额表示节约差异；"原材料"属于资产类账户，其借方登记验收入库材料的计划成本，贷方登记领用材料的计划成本，期末余额在借方，表示结存材料的计划成本；其他账户设置同上述原材料按实际成本计价的核算。

为了计算产品的实际生产成本，在会计期末，就需要将计划成本调整为实际成本。其方法是运用材料成本差异率对计划成本进行调整，以求得实际成本。材料成本差异率的计算方法如下：

$$月初材料成本差异率 = \frac{月初库存材料成本差异额}{月初库存材料计划成本} \times 100\%$$

$$本月材料成本差异率 = \frac{月初库存材料成本差异额 + 本月购入材料成本差异额}{月初库存材料计划成本 + 本月入库材料计划成本} \times 100\%$$

发出材料应负担的差异额 = 本月材料成本差异率 × 发出材料的计划成本

原材料按计划成本核算涉及的常见会计分录如下。

（1）尚未验收入库时

借：材料采购

　　应交税费——应交增值税（进项税额）

　　贷：银行存款（或应付账款等）

（2）验收入库时

借：原材料

　　贷：材料采购

（3）计算并结转差异时

① 结转超支差异

借：材料成本差异

　　贷：材料采购

② 结转节约差异

借：材料采购

　　贷：材料成本差异

（4）实际领用材料用于产品生产等时

借：生产成本等

　　贷：原材料（计划成本）

（5）月末计算并分配（结转）领用材料的成本差异时

① 结转超支差异

借：生产成本等

　　贷：材料成本差异

② 结转节约差异

借：材料成本差异

　　贷：生产成本等

## 四、实训习题

### （一）单项选择题

1. 甲企业为一般纳税企业，采用托收承付结算方式从其他企业购入原材料一批，货款为 200 000 元，增值税为 34 000 元，对方代垫的运杂费 4 000 元，该原材料已经验收入库，该购买业务所发生的应付账款入账价值为（　　）元。

　　A. 234 000　　　　　B. 200 000　　　　　C. 238 000　　　　　D. 204 000

2. 某一般纳税人企业本期购入原材料，增值税专用发票记载原材料价款为 20 万元，支付的增值税为 3.4 万元，商品到达验收时发现缺少 20%，其中 10% 是合理损耗，其他原因待查，则该材料入库的实际成本是（　　）元。

　　A. 160 000　　　　　B. 210 600　　　　　C. 187 200　　　　　D. 180 000

3. 甲企业为本期购买材料一批，购买价格为 50 000 元，增值税为 8 500 元，入库前发生的挑选整理费用为 500 元，该批原材料入账价值为（　　）元。

　　A. 50 000　　　　　B. 58 500　　　　　C. 50 500　　　　　D. 59 000

4. 乙企业购入 B 材料 600 千克，含税单价为 50 元/千克，发生运杂费 2 550 元，入库前发生挑选整理费用 450 元，该批 B 材料的单位实际成本为（　　）元。

A. 50          B. 54          C. 55          D. 60

5. A 企业为增值税一般纳税人,购入原材料 150 千克,收到增值税专用发票注明价款 900 万元,增值税额 153 万元。另发生运输费用 9 万元,包装费 3 万元,途中保险费用 2.7 万元。原材料运抵企业后,验收入库原材料为 148 千克,运输途中发生合理损耗 2 千克,该原材料入账价值为(　　)万元。

A. 911.70       B. 914.70       C. 913.35       D. 914.07

6. 企业的"材料采购"账户借方记录采购过程中发生的(　　)。

   A. 采购材料的采购成本            B. 采购人员的工资

   C. 采购材料的进项税额            D. 采购人员的差旅费

7. 购买单位在材料采购业务之前按合同先向供应单位预付购货款时,形成了(　　)。

   A. 负债       B. 债务       C. 债权       D. 权益

8. 购买单位购进材料时暂不付款,从而形成企业对供应单位的一项(　　)。

   A. 债权       B. 暂收款       C. 债务       D. 暂付款

9. "材料成本差异账户"的借方登记(　　)。

   A. 入库材料的实际成本大于计划成本的差异

   B. 入库材料的实际成本小于计划成本的差异

   C. 入库材料的实际成本

   D. 入库材料的计划成本

10. "应付账款"账户的借方登记(　　)。

   A. 偿还购买材料时应付的款项        B. 尚未偿还的购料款

   C. 应付购料的买价                D. 应付的运杂费

11. 与"在途物资"账户的借方有对应关系的账户是(　　)。

   A. 原材料       B. 银行存款       C. 应交税费       D. 应收账款

12. 在原材料按计划成本核算时,既核算材料的计划成本,又核算材料的实际成本的明细账是(　　)。

   A. 原材料       B. 材料采购       C. 材料成本差异       D. 在途物资

13. 企业购买材料时发生的途中合理损耗应(　　)。

   A. 由供应单位赔偿             B. 计入管理费用

   C. 由保险公司赔偿             D. 计入材料采购成本

## (二)多项选择题

1. 企业购入材料的采购成本的构成内容包括(　　)。

   A. 材料买价                B. 采购过程的运杂费

   C. 采购人员差旅费用         D. 增值税进项税税额

2. 下列属于材料供应过程的业务有(　　)。

A. 支付采购材料的货款

B. 支付购货时应付的增值税进项税额

C. 支付采购材料的各种运杂费

D. 生产领用材料

3. 固定资产应按取得时的实际成本入账,其实际成本包括固定资产的(　　)。

A. 买价　　　　　　B. 运杂费　　　　　　C. 税金　　　　　　D. 安装成本

4. 发生增加固定资产业务,可能贷记的账户有(　　)。

A. 银行存款　　　　B. 实收资本　　　　C. 应收账款　　　　D. 在建工程

5. 下列项目中,对于一般纳税人,购入材料时应计入材料采购成本的是(　　)。

A. 运输途中的合理损耗　　　　　　　　B. 购入材料运输途中的保险费用

C. 进口关税　　　　　　　　　　　　　D. 入库前的挑选整理费

6. 企业购进材料时,按照是否支付货款可分为(　　)。

A. 直接付款　　　　B. 应付账款　　　　C. 预付账款　　　　D. 预收账款

7. 按实际成本核算法时,购入材料核算需要设置的账户有(　　)。

A. 原材料　　　　　B. 在途物资　　　　C. 应付账款　　　　D. 银行存款

8. 一般情况下,"在途物资"账户的借方应登记(　　)。

A. 材料买价　　　　　　　　　　　　　B. 材料的运费

C. 材料的增值税　　　　　　　　　　　D. 材料保管人员的福利费

9. 按合同规定,预付材料款时,编制错误的会计分录是(　　)。

A. 借:在途物资　　　　　　　　　　　B. 借:预付账款

　　贷:银行存款　　　　　　　　　　　　贷:银行存款

C. 借:应收账款　　　　　　　　　　　D. 借:材料采购

　　贷:银行存款　　　　　　　　　　　　贷:银行存款

10. "材料成本差异"账户贷方可以用来登记(　　)。

A. 购进材料实际成本大于计划成本的差额

B. 发出材料应负担的节约差异

C. 发出材料应负担的超支差异

D. 购进材料实际成本小于计划成本的差额

11. 下列账户可能与"材料采购"账户相对应的贷方账户有(　　)。

A. 银行存款　　　　B. 应付账款　　　　C. 实收资本　　　　D. 库存现金

12. 按实际成本核算法时,企业赊购材料一批,会计处理时,会计分录的借方账户有(　　)。

A. 在途物资　　　　B. 应交税费　　　　C. 银行存款　　　　D. 库存现金

13. 材料采购按计划成本核算时,需要设置的账户有(　　)。

A. 材料采购　　　　B. 原材料　　　　　C. 材料成本差异　　　D. 在途物资

14. 下列项目中,应计入固定资产入账价值的是(　　　)。

A. 固定资产的运输费用

B. 固定资产安装过程中领用的原材料成本

C. 固定资产达到预定可使用状态并交付使用后至办理竣工决算手续前发生的借款利息

D. 固定资产达到预定可使用状态前发生的符合资本化条件的借款利息

15. 在材料采购业务核算时,与"原材料"账户相对应的账户一般有(　　　)。

A. 应付账款　　　　B. 应付票据　　　　C. 银行存款　　　　D. 预付账款

## (三) 判断题

1. 采购材料在运输途中发生的合理损耗应计入管理费用。　　　　　　　　　　(　　)

2. 一般纳税人企业,采购材料时支付的进项税额应构成材料的成本。　　　　(　　)

3. "材料采购"账户是一个计算材料采购成本的成本计算账户。　　　　　　　(　　)

4. 购入材料的单位采购成本就是购货发票上注明的单价。　　　　　　　　　(　　)

5. 计划成本法核算原材料,"原材料"账户的入账价值只包括买价。　　　　　(　　)

6. "在途物资"账户的借方余额表示在途物资的成本。　　　　　　　　　　(　　)

7. 企业在采购材料时支付的运杂费,应计入期间费用。　　　　　　　　　　(　　)

8. 一般纳税人通常情况下购入材料时支付的增值税进项税额不计入材料采购成本。

(　　)

9. "原材料"账户的明细核算应按材料的品名或种类设置。　　　　　　　　(　　)

10. 在采用计划成本核算时,"材料采购"账户的贷方登记入库材料的计划成本。

(　　)

11. 材料采购属于供应过程的主要业务。　　　　　　　　　　　　　　　　(　　)

12. "应付账款"账户的贷方余额表示尚未支付的购料款及增值税进项税额。(　　)

13. 企业采用计划成本对原材料进行日常核算,应按月分摊发出材料应负担的成本差异,不应在季末或年末一次计算分摊。　　　　　　　　　　　　　　　　(　　)

14. 企业采用计划成本核算原材料,平时收到原材料时应按照实际成本借记"原材料"账户,领用原材料时应按计划成本贷记"原材料"账户,期末再将发出材料调整为实际成本。　　　　　　　　　　　　　　　　　　　　　　　　　　　　(　　)

## (四) 业务核算题

1. C公司购入一台不需安装的生产设备一台,其购买的价款 1 200 000 元,增值税进项税额为 204 000 元,款项尚未支付。编制该业务的会计分录。

2. B公司购入需要安装的设备一台,价值 485 000 元,增值税 81 600 元,货款已用银行存款支付。B公司自行安装设备发生了各种费用如下:领用本企业的原材料价值

12 000 元,应付本企业安装工人的薪酬 22 800 元。设备安装完毕,已交付使用,结转工程成本。编制有关上述业务的会计分录。

3. 华联公司 20×8 年 3 月份发生如下经济业务,材料按实际成本核算:

(1) 20×8 年 3 月 1 日,从友谊工厂购入下列材料:甲材料 5 000 千克,单价 24 元;乙材料 2 000 千克,单价 19 元,增值税税率 17%,全部款项用银行存款付清,材料尚在运输途中。

(2) 20×8 年 3 月 3 日,用银行存款 7 000 元支付上述购入甲、乙材料的外地运杂费,按照材料的重量比例进行分配。

(3) 20×8 年 3 月 5 日,从红星工厂购入丙材料 7 200 千克,发票注明价款 216 000 元,增值税税额 36 720 元(216 000×17%),红星工厂代华联公司垫付材料的运杂费 4 000 元。材料尚在运输途中,账单、发票已到,但材料价、税金及运杂费尚未支付。

(4) 20×8 年 3 月 6 日,按照合同规定用银行存款预付给胜利工厂订货款 180 000 元。20×8 年 3 月 10 日,华联公司收到胜利工厂发运过来的前已经预付货款的丙材料的相关凭证,材料尚在运输途中。发票注明该批丙材料的价款 420 000 元,增值税进项税额 71 400 元,除冲销原预付账款 180 000 元外,不足款项立即用银行存款支付。另发生运杂费 5 000 元,用现金支付。

(5) 20×8 年 3 月 25 日,本月购入的甲、乙、丙材料已经验收入库,结转各种材料的实际采购成本。

要求:根据上述经济业务,编制相关会计分录。

4. 某企业为增值税一般纳税人,材料按计划成本核算,甲材料计划单位成本为 120 元,乙材料计划单位成本为 90 元。企业逐笔结转入库材料的成本和成本差异,月末汇总发出材料的成本和成本差异。该企业 10 月发生以下经济业务。

(1) 9 日,从外地采购甲材料 6 000 千克,增值税专用发票上注明:单价 130 元,价款 780 000 元,增值税为 132 600 元。销货方代垫运杂费 1 000 元,材料尚未运到。根据货款。增值税及代垫运杂费的金额,签发为期两个月的商业承兑汇票一张。

(2) 12 日,本月 9 日从外地购入的甲材料运到,验收入库。

(3) 19 日,从本市购入乙材料 1 000 千克,增值税专用发票上注明:单价 85 元,价款 85 000 元,增值税 14 450 元。开出转账支票支付款项,材料已验收入库。

(4) 23 日,从外地购入乙材料 2 000 千克,增值税专用发票上注明:单价 84 元,价款 168 000 元,增值税 28 560 元。销货方代垫运费 600 元,材料尚未运到,货税款及代垫运费已通过银行汇出。

(5) 31 日,企业本月仓库发出原材料的计划成本为 800 000 元,其中:生产 A 产品耗用 430 000 元,生产 B 产品耗用 360 000 元,生产车间一般耗用 7 000 元,企业管理部门耗用 2 000 元,销售部门耗用 1 000 元。原材料的本月材料成本差异率为 1%。

要求:根据上述经济业务,编制相关会计分录。

5. 某公司所属 C 公司 20×7 年 3 月 1 日库存材料的计划成本为 120 000 元,实际成本为 122 320 元,本月收入材料的计划成本合计为 500 000 元,实际成本合计为 480 320 元,本月发出材料的计划成本为 300 000 元。要求计算:

(1) 本月材料成本差异率;

(2) 发出材料应负担的材料成本差异额;

(3) 发出材料的实际成本;

(4) 月末结存材料的计划成本;

(5) 月末结存材料的实际成本。

6. 某公司 3 月甲材料月初节约差异额为 620 元,月初库存材料的计划成本为 30 700 元;3 月购入甲材料的计划成本为 70 300 元,实际成本为 67 890 元;3 月发出甲材料的计划成本为 50 000 元。要求计算:

(1) 甲材料本月材料成本差异率;

(2) 本月发出甲材料应负担的材料成本差异额;

(3) 月末甲材料成本差异额;

(4) 期末结存甲材料的实际成本。

# 第三节　生产过程业务核算

## 一、学习内容和目的

- 掌握各种成本的定义及各类成本的分类方法和它们在企业中的各种应用,并且从定性和定量两个角度对成本习性进行分析;
- 理解成本与费用之间的关系及各相关的概念;
- 掌握各种成本计算方法及其使用条件。

## 二、实训目的

本节主要介绍生产过程业务中生产成本的归集与分配,并且详细阐述直接材料、直接人工、制造费用的含义及其核算过程,其核心内容就是通过"生产成本"账户和"制造费用"账户归集生产费用,计算产品的生产成本,并随着完工产品的验收入库,将生产成本随之转入"库存商品"账户。通过本节学习,需要了解生产成本、制造费用等概念,理解企业生产过程相关业务内容、账户设置和主要业务的账户对应关系,熟练掌握"生产成本""制造费用""应付职工薪酬""长期待摊费用""累计折旧""库存商品"等账户的具体运用以及相关业务核算。

## 三、重点与难点

### （一）生产过程业务的主要内容

产品生产过程是企业生产经营过程的重要环节。在生产过程中，工人借助于生产资料对劳动对象进行加工，制成劳动产品。因此，生产过程也是活劳动和物化劳动的耗费过程。在生产过程中，企业发生的主要经济业务有：车间领用制造产品和一般消耗的原材料；从银行提取现金发放工资；计算和分配职工工资；计提职工福利费用、社会保险费、住房公积金等；计提固定资产折旧；分配制造费用；计算产品制造成本；产品完工，结转完工产品生产成本等。

### （二）成本与费用的关系

表 5-4　费用与成本的关系

|  | 费　　用 | 成　　本 |
|---|---|---|
| 概念 | 费用是企业在日常活动中发生的、会导致所有者权益减少的、与向所有者分配利润无关的经济利益的总流出 | 产品成本是为生产某种产品而发生的各种耗费的总和，是对象化的费用 |
| 区别 | 费用涵盖范围较宽，包括企业生产各种产品发生的各种耗费，既有当期的也有以前期间发生的费用，既有完工产品的也有未完工产品的费用；费用会按会计期间进行归集，一般以生产过程中取得的各种原始凭证为计算依据 | 产品成本只包括为生产一定种类或数量的完工产品的费用，不包括未完工产品的生产费用和其他费用；产品成本按产品进行归集，一般以成本计算单或产品入库单等为计算依据 |
| 联系 | 费用的发生过程也就是成本的形成过程，费用是产品形成的基础。产品成本是费用总额的一部分，不包括期间费用和期末未完工产品的费用 | |

### （三）成本项目

按照计入产品生产成本的生产费用的各种用途，可将其划分为若干个项目，即产品成本项目。产品成本项目通常可以分为三类。

1. 直接材料，是指直接用于产品生产，构成产品实体的原料及主要材料、外购半成品、有助于产品形成的辅助材料等。

2. 直接人工，是指直接从事产品生产的生产工人的工资、津贴、补贴、福利费等。

3. 制造费用，是指为生产产品和提供劳务所发生的各项间接费用，包括车间管理人员的薪酬、折旧费、办公费、水电费、劳动保护费等。

直接材料和直接人工属于直接费用，在企业生产产品过程中，在其发生时就能够明确用于哪种产品，从而可以直接计入该种产品的生产费用。制造费用属于间接费用，是企业为产品生产而发生的由多种产品共同负担的生产费用。

### (四) 生产费用的归集与分配

生产费用的归集与分配包括材料费用的归集与分配、人工费用的归集与分配及制造费用的归集与分配,核算过程中涉及两个重要的账户,即"生产成本"和"制造费用"账户。

"生产成本"账户,是成本类账户,用来核算和监督企业在产品生产过程中所发生的费用,计算确定产品实际生产成本。该账户借方登记应计入产品生产成本的各项费用,包括直接材料费用、直接人工费用和制造费用;贷方登记生产完工转出完工产品生产成本;月终时该账户的借方余额反映企业尚未加工完成的在产品的成本。为了具体核算每一种产品的生产成本,可以按照企业生产的产品种类或类别设置明细账户,以进行明细分类核算。

"制造费用"账户,是成本类账户,用来核算企业生产车间为生产产品和提供劳务而发生的各项间接费用,包括生产车间发生的机物料消耗、管理人员的工资、折旧费、办公费、水电费、季节性停工损失、劳保费等。该账户借方登记车间发生的各项间接费用;贷方登记月度终了时将全部制造费用分配计入有关产品生产成本的数额,月末一般无余额。企业为了具体核算制造费用的发生情况,可以按照不同的车间设置明细账户,按照费用项目设置专栏进行明细分类核算。

#### 1. 材料费用的归集与分配

原材料是指企业在生产过程中经加工改变其形态或性质并构成产品主要实体的各种原料及主要材料、辅助材料、燃料、修理用备件、包装材料、外购半成品等。企业生产产品会耗用一定的原材料。生产部门领用原材料时应填制领料单,向仓库办理领料手续。仓库根据领料单发料后,将领料凭证传递到会计部门,作为入账的依据。会计部门将领料单汇总,编制发出材料汇总表,以便于将本月发生的材料费用按其用途分配计入生产费用和其他有关费用。

企业在确定材料费用时,应根据领料凭证区分车间、部门和不同用途,按照确定的结果记录发出材料的成本。对于直接用于某种产品生产的材料费用,应直接计入该产品"生产成本"明细账中的直接材料科目;对于由几种产品共同耗用、共同负担的材料费用,应选择合适的标准在各种产品之间进行分配后,计入各有关成本计算对象;对于车间间接消耗的各种材料费,应先在"制造费用"账户中进行归集,再同其他间接费用一起分配计入有关产品成本;对于行政管理部门耗用的材料费,计入"管理费用"科目。

#### 2. 人工费用的归集与分配

《企业会计准则第 9 号——职工薪酬》规定的职工具体包括三类人员:一是与企业订立劳动合同的所有人员,含全职、兼职人员和临时工;二是未与企业订立劳动合同,但由企业正式任命的人员,如董事会成员、监事会成员等;三是在企业的计划和控制下,虽未与企业订立劳动合同或未由企业正式任命，但为企业提供与职工类似服务的人员，也属于职工范畴，如企业与有关中介机构签订劳动用工合同所涉及的相关务工人员。

《企业会计准则第 9 号——职工薪酬》将职工薪酬界定为"企业为获得职工提供的服务或解除劳动关系而给予的各种形式的报酬或补偿。企业提供给职工配偶、子女、赡养老人、已故员工遗属及其他受益人等的福利，也属于职工薪酬"。职工薪酬具体包括短期薪酬、离职后福利、辞退福利和其他长期职工福利四项内容，如表 5-5 所示。

表 5-5　职工薪酬的内容

| 职工薪酬内容 | 含　义 |
| --- | --- |
| 短期薪酬 | 企业预期在职工提供相关服务的年度报告期间结束后 12 个月内将全部予以支付的职工薪酬，因解除与职工的劳动关系给予的补偿除外 |
| 离职后福利 | 企业为获得职工提供的服务而在职工退休或与企业解除劳动关系后，提供的各种形式的报酬和福利，不包括短期薪酬和辞退福利 |
| 辞退福利 | 企业在职工劳动合同到期之前解除与职工的劳动关系，或者为鼓励职工自愿接受裁减而给予职工的补贴 |
| 其他长期职工福利 | 除短期薪酬、离职后福利、辞退福利以外所有的职工薪酬，包括长期带薪缺勤、长期残疾福利和长期利润分享计划等 |

短期薪酬具体包括以下几项内容：①职工工资、奖金、津贴和补贴，是指企业按照职工工资总额的计时工资、计件工资、支付给职工的超额劳动报酬、为补偿职工特殊或额外的劳动消耗和因其他特殊原因支付给职工的津贴，以及为保证职工工资水平不受物价影响支付给职工的物价补贴等；②职工福利费，包括职工因公外地就医费用、职工疗养费用、防暑降温费用、职工生活困难补助以及按规定发生的其他职工福利支出；③社会保险费，是指企业按照国家规定的基准和比例计算，向社会保险经办机构缴纳的医疗保险费、养老保险费、失业保险费、工伤保险费和生育保险费；④住房公积金，指企业按照国家规定的基准和比例计算，向住房公积金管理机构缴存的住房公积金；⑤工会经费和职工教育经费，指企业为改善职工文化生活、为职工学习先进技术和提高文化水平和业务素养，用于开展工会活动和职工教育及职业技术培训等相关支出；⑥其他，是指除上述以外的其他为获得职工提供的服务而给予的短期薪酬。

为了进行人工费用的归集与分配，企业应当设置"应付职工薪酬"账户。"应付职工薪酬"账户，是负债类账户，用于核算职工薪酬的确认、实际发放和结算情况。该账户贷方登记分配计入有关成本费用项目的职工薪酬数额；借方登记实际支付的职工薪酬数额。期末余额在贷方，表示本月应付未付的职工薪酬。该账户可以按照"工资""职工福利""社会保险费""住房公积金"等项目进行明细分类核算。

在核算职工薪酬时，企业应根据工资结算汇总表或按月编制的"职工薪酬分配表"的内容登记有关的总分类账户和明细分类账户，进行相关的账户处理。企业应当在职工提供服务的会计期间，将应付的职工薪酬确认为负债，同时根据职工提供服务的受益对象不同，将职工薪酬作相应的会计处理。应由生产产品、提供劳务负担的职工薪酬，计入产品成本,其中对于生产多种产品的企业,其共同性的职工薪酬应在各种产品之间按照一定的标准进行分配;应由在建工程、无形资产负担的职工薪酬,计入固定资产或无形资产成本;除以上两项之外的其他职工薪酬,计入当期损益。关于职工薪酬核算的具体程序包括支付职工薪酬、分配职工薪酬等环节。

### 3. 制造费用的归集与分配

制造费用是企业为生产产品和提供劳务而发生的各种间接费用,包括车间管理人员的工资及福利费,车间房屋建筑物和机器设备的折旧费、水电费、机物料消耗、办公费及季节性停工损失等。如果企业生产多种产品,制造费用在发生时一般无法直接判定其应归属的成本核算对象,因而不能直接计入所生产的产品成本中,必须将上述各项费用按照不同的空间范围在"制造费用"账户中予以归集和汇总,然后选择一定的标准(如生产工人工资、生产工时等),在各种产品之间进行分配,以准确地核算各种产品应负担的制造费用额。制造费用的分配公式如下:

制造费用分配率＝待分配的制造费用÷各产品的分配标准之和

某种产品应负担的制造费用＝该产品的分配标准×制造费用分配率

为了归集和分配各种间接费用,除"制造费用"账户外,企业还需要设置"长期待摊费用"和"累计折旧"等与间接费用的发生相关的账户。

(1)"长期待摊费用"账户

长期待摊费用指企业已经支出但应当由本期和以后各期分别负担,且分摊期在1年以上的各项费用。"长期待摊费用"账户是资产类账户,用来核算企业预先付款、应由本期和以后各期分别负担的摊销期超过1年的各种费用。该账户应当按照费用的种类设置明细账户,进行明细分类核算。其借方登记预先支付的各种款项;贷方登记应摊销计入本期成本或损益的各种费用;期末余额在借方,表示已经支出但尚未摊销的费用。

(2)"累计折旧"账户

固定资产在使用过程中会发生的有形损耗和无形损耗。有形损耗是指固定资产在使用过程中由于磨损而发生的使用性损耗和由于受自然力影响而发生的自然损耗。无形损耗是指由于技术进步、消费偏好变化、经营规模扩充等原因而引起的损耗。企业可以通过采用一定的方法来尽量客观的反映固定资产已经发生的损耗,并将损耗按照一定的方法按期转入有关成本或费用,即固定资产的折旧。

"累计折旧"账户是资产类账户。该账户用来反映和监督企业在生产经营过程中使用的固定资产的折旧额的提取和注销情况。该账户是"固定资产"账户的抵减调整账户,其贷方登记固定资产的价值损耗,即按月提取的折旧数;借方登记固定资产因出售、毁损和报废等原因减少时应注销的该项固定资产累计折旧额;期末余额在贷方,表示企业现有固定资产已提取的累计折旧额。

### 4. 完工产品生产成本的计算与结转

通过以上对生产过程业务的核算,完成了对企业全部生产费用的归集与分配。为了

计算本期完工产品成本,需要将归集的全部生产费用在完工产品和在产品之间进行分配。完工产品成本与在产品成本之间的关系如下:

本月完工产品成本＝期初在产品成本＋本月发生的成本－月末在产品成本

为了记录和反映生产过程中已经验收入库的产成品,企业应当设置"库存商品"账户。该账户为资产类账户,核算已生产完工并验收入库产品的增减变动以及结存情况。该账户借方登记已验收入库的库存商品的成本;贷方登记发出库存商品的成本;期末余额在借方,表示企业库存商品成本的期末结余额。该账户应当按照库存商品的品种或种类设置明细账,进行明细分类核算。

# 四、实训习题

## (一)单项选择题

1. 下列各项中,不得计入产品成本的费用是(　　)。
   A. 车间厂房折旧费　　　　　　　　B. 车间机物料消耗
   C. 房产税和车船使用税　　　　　　D. 有助于产品形成的辅助材料

2. 企业车间计提固定资产折旧应计入(　　)。
   A. 累计折旧　　B. 管理费用　　C. 制造费用　　D. 生产成本

3. 按一定(　　)归集和分配费用的过程,就是成本计算过程。
   A. 成本计算对象　　B. 成本计算期　　C. 成本项目　　D. 成本个数

4. 下列项目中,(　　)是为核算产品成本而使用的会计科目。
   A. 库存商品　　B. 生产成本　　C. 管理费用　　D. 营业成本

5. 下列项目中,不属于职工薪酬的是(　　)。
   A. 职工工资　　　　　　　　　　　B. 职工福利费
   C. 医疗保险费　　　　　　　　　　D. 职工出差报销的火车票

6. 应由生产产品负担的职工薪酬,应当(　　)。
   A. 计入存货成本　　　　　　　　　B. 计入管理费用
   C. 确认为当期费用　　　　　　　　D. 计入销售费用

7. 某企业生产甲产品,领用材料的成本为 200 000 元,人工费用 20 000 元,制造费用 8 000 元,则甲产品的成本为(　　)元。
   A. 200 000　　B. 220 000　　C. 228 000　　D. 208 000

8. 生产产品领用材料 200 000 元,车间一般耗用 10 000 元,厂部领用 1 000 元,则应直接计入"生产成本"科目的金额为(　　)元。
   A. 200 000　　B. 210 000　　C. 211 000　　D. 11 000

9. 下列各项中,属于结转完工产品成本时应贷记的科目是(　　)。
   A. 营业成本　　B. 库存商品　　C. 生产成本　　D. 本年利润

10. 下列各项中,车间管理人员工资应记入的账户是(　　)。

A. 生产成本　　　　　　　　　　B. 制造费用

C. 管理费用　　　　　　　　　　D. 应付职工薪酬

11. 下列账户中与"制造费用"费用账户不可能发生对应关系的账户(　　)。

A. 库存现金　　B. 银行存款　　C. 应付职工薪酬　　D. 库存商品

12. 下列费用中,不构成产品成本,而应直接计入当期损益的是(　　)。

A. 直接材料费　　B. 直接人工费　　C. 期间费用　　D. 制造费用

13. 某企业只生产一种产品,20×7年5月1日期初在产品成本7万元,5月份发生下列费用:生产领用材料12万元,生产工人工资4万元,制造费用2万元,管理费用3万元,广告费用1.6万元,月末在产品成本6万元。该企业5月份完工产品的生产成本为(　　)万元。

A. 16.6　　　　B. 18　　　　C. 19　　　　D. 23.6

14. 由生产产品提供劳务负担的职工薪酬,应当计入(　　)。

A. 管理费用　　　　　　　　　　B. 存货成本或劳务成本

C. 期间费用　　　　　　　　　　D. 销售费用

15. 企业发生的下列各项内容中,应作为管理费用处理的是(　　)。

A. 生产车间设备折旧费　　　　　　B. 固定资产盘亏净损失

C. 发生的业务招待费　　　　　　　D. 专设销售机构固定资产的折旧费

16. "生产成本"账户期末有借方余额,表示(　　)。

A. 本期完工产品成本　　　　　　　B. 本期投入生产费用

C. 期末库存产品成本　　　　　　　D. 期末在产品成本

17. 某企业月初结存甲材料的计划成本为600 000元,成本差异为节约6 000元,本月入库甲材料的计划成本为600 000元,成本差异为超支2 400元。本月生产车间领用材料的计划成本为900 000元。假定该企业按月末的材料成本差异率分配和结转材料成本差异率,则本月生产车间领用材料应负担的材料成本差异额为(　　)元。

A. 2 700　　　　B. −2 700　　　　C. 6 300　　　　D. −6 300

## (二) 多项选择题

1. 下列项目中,属于企业期间费用的是(　　)。

A. 管理费用　　B. 销售费用　　C. 财务费用　　D. 营业费用

2. 下列项目中,属于直接材料成本项目的有(　　)。

A. 主要原材料　　　　　　　　　B. 生产设备用的备件

C. 辅助材料　　　　　　　　　　D. 燃料

3. 下列项目中,包括在产品制造成本中的有(　　)。

A. 直接材料　　B. 制造费用　　C. 营业费用　　D. 直接人工

4. 下列项目中,属于直接人工成本项目的有(　　)。

A. 产品制造工人的工资　　　　　　B. 车间管理人员的工资

　　　　C. 产品制造工人的福利费　　　　　　D. 车间管理人员的福利费

　5. 下列项目中,属于制造费用项目的有(　　　)。

　　　　A. 车间管理人员的工资　　　　　　　B. 生产用固定资产折旧费

　　　　C. 生产产品的水电费　　　　　　　　D. 生产用设备的修理费

　6. 生产成本科目的借方登记(　　　)。

　　　　A. 生产过程中直接发生的材料费用　　B. 生产过程中直接发生的工资费用

　　　　C. 完工入库的产成品成本　　　　　　D. 分配转入的辅助生产费用

　7. 下列项目中,属于职工薪酬的有(　　　)。

　　　　A. 社会保险费

　　　　B. 工会经费和职工教育经费

　　　　C. 住房公积金

　　　　D. 因解除与职工的劳动关系给予的补偿

　8. 关于职工薪酬,下列说法正确的有(　　　)。

　　　　A. 因解除与职工的劳动关系给予的补偿,应当根据职工提供服务的受益对象分
　　　　　　别计入成本费用

　　　　B. 职工薪酬,是指企业为获得职工提供的服务而给予各种形式的报酬以及其他
　　　　　　相关支出

　　　　C. 职工薪酬中的非货币性福利应当根据职工提供服务的受益对象分别计入成本
　　　　　　费用

　　　　D. 计量应付职工薪酬时,国家规定了计提基础和比例的,应当按照国家规定的标
　　　　　　准计提

　9. 下列账户中,月末应该没有余额的有(　　　)。

　　　　A. 生产成本　　　　B. 制造费用　　　　C. 管理费用　　　　D. 财务费用

　10. 企业在采购材料过程中发生的下列费用中,不计入材料采购成本,而是列作管理
费用的有(　　　)。

　　　　A. 采购人员差旅费　　　　　　　　　　B. 专设采购机构费用

　　　　C. 市内采购材料的零星杂运费　　　　　D. 运输途中的合理损耗

　11. 关于"制造费用"账户,下列说法中正确的有(　　　)。

　　　　A. 借方登记实际发生的各项制造费用

　　　　B. 贷方登记分配转入产品成本的制造费用

　　　　C. 期末结转"本年利润"账户后没有余额

　　　　D. 期末一般没有余额

　12. 产品在生产过程中发生的各项生产费用按其经济用途进行分类,构成产品生产
成本的成本项目,具体包括(　　　)。

　　　　A. 直接材料费　　　B. 直接人工费　　　C. 期间费用　　　D. 制造费用

　13. 确定本月完工产品成本时,影响其生产成本计算的因素主要有(　　　)。

A. 月初在产品成本　　　　　　B. 本月发生的生产费用

C. 本月已销产品成本　　　　　D. 月末在产品生产成本

14. 下列各项费用中,不应计入产品生产成本的有(　　)。

A. 销售费用　　　B. 管理费用　　　C. 财务费用　　　D. 营业外支出

### (三)判断题

1. 在生产过程中,生产一种产品,该种产品就是成本计算对象;生产两种产品,这两种产品就是成本计算对象。　　　　　　　　　　　　　　　　　　(　　)

2. 固定资产折旧费是产品成本的组成部分,应该全部计入产品成本。　　(　　)

3. 在一般情况下企业在本期投产的产品往往能在本期完工,本期完工产品一定全部是由本期投产的。　　　　　　　　　　　　　　　　　　　　　　(　　)

4. 要素费用中的工资项目是指应计入产品成本中的生产工人的工资。　(　　)

5. 如果是因为废料原因而导致的废品,应照付计件工资。　　　　　　(　　)

6. 根据福利部门人员的工资总额计提的福利费所做的会计分录借方是"应付职工薪酬"科目。　　　　　　　　　　　　　　　　　　　　　　　　　　(　　)

7. 费用要素中的"工资"项目与成本项目中的"直接工资"项目,虽然名称有一点区别,但金额却是相等的。　　　　　　　　　　　　　　　　　　　　(　　)

8. "累计折旧"账户是"固定资产"账户的备抵调整账户,它反映的是固定资产因参加生产经营周转而损耗的价值。　　　　　　　　　　　　　　　　　(　　)

9. "管理费用"账户借方登记本期发生的管理费用,贷方登记期末转入"本年利润"账户借方的管理费用数额,结转后该账户无余额。　　　　　　　　　　(　　)

10. 企业的原材料无论是按实际成本计价还是按计划成本计价核算,其计入生产成本的原材料成本最终均应为所耗用材料的实际成本。　　　　　　　(　　)

11. 生产费用按其经济内容进行分类而形成的若干个项目,在会计上称为成本项目。　　　　　　　　　　　　　　　　　　　　　　　　　　　　　(　　)

12. 管理费用、财务费用、销售费用和制造费用均属于企业的期间费用。(　　)

13. 企业在经营过程中发生某项费用计入制造费用和计入管理费用对当期经营成果的影响是相同的。　　　　　　　　　　　　　　　　　　　　　　(　　)

### (四)业务核算题

1. 某公司期初库存材料成本 278 500 元,本期仓库共发出材料成本 132 000 元,期末结存材料成本 206 500 元,"应付账款"(材料款)账户期初贷方余额为 218 000 元,期末贷方余额为 243 000 元,本期没有发生偿还应付款业务,本期购入材料均已入库。

要求:计算本期购入材料中已付款的材料金额。

2. 某企业工厂相关业务资料如下。

(1) 企业生产领用甲材料,其中生产 A 产品领用 20 000 元,生产 B 产品领用 10 000元,车间一般耗用 2 000 元,管理部门领用 300 元。

（2）本月结算应付生产 A 产品工人工资 25 000 元，B 产品生产工人工资 7 000 元，车间管理人员工资 3 000 元，行政管理部门工资 4 000 元。

（3）该企业计算出应付给职工补贴午餐费用 5 850 元，其中生产工人 5 000 元，A 产品为 3 000 元，B 产品为 2 000 元，车间管理人员 600 元，企业管理人员 250 元。

（4）从银行提取现金 42 000 元，以备发放工资。

（5）计提固定资产折旧费，其中车间提取 9 300 元，管理部门提取 3 000 元。

（6）月末结转制造费用，其中 A 产品生产量 300 件，B 产品生产量 200 件。

（7）月末 A、B 产品全部完工入库，结转实际生产成本（A、B 产品没有期初在产品）。

要求：根据上述经济业务，编制相关会计分录。

3. 某厂 20×7 年 7 月份发生以下经济业务。

（1）生产车间从仓库领用原材料进行产品生产。其中 A 产品生产领用甲材料 150 千克，每千克 10.5 元，领用乙材料 100 千克，每千克 16.5 元；B 产品生产领用甲材料 120 千克，领用乙材料 80 千克。

（2）结算本月份应付职工工资，按用途归集如下：A 产品生产工人工资 5 000 元，B 产品生产工人 4 000 元，车间职工工资 2 000 元，管理部门职工工资 3 000 元；

（3）按规定根据职工工资总额 14% 计提职工福利费。

（4）计提本月固定资产折旧，其中车间使用的固定资产折旧 600 元，管理部门使用的固定资产折旧 300 元。

（5）以库存现金支付应由本月车间负担的修理费 220 元。

（6）车间报销办公费及其他零星开支 400 元，以现金支付。

（7）车间管理人员出差，报销差旅费 237 元，原预支 300 元，余额归还现金。

（8）将制造费用总额如数转入“生产成本”账户，并按生产工人工资比例摊入 A、B 两种产品成本。

（9）结算本月 A、B 两种产品的生产成本。本月 A 产品 100 件、B 产品 80 件，均已经全部制造完成，并已经验收入库，按其实际成本入账。

要求：

（1）根据上述经济业务，编制相关会计分录；

（2）登记“生产成本”总分类账户、“生产成本”明细分类账户和“制造费用”总分类账户；

（3）编制产品生产成本计算表（见表 5-6）。

表 5-6　产品生产成本计算表　　　　　　　　　　　　　　　　元

| 成本项目 | A 产品 | | B 产品 | |
|---|---|---|---|---|
| | 总成本（100 件） | 单位成本 | 总成本（80 件） | 单位成本 |
| 直接材料 | | | | |
| 直接人工 | | | | |
| 制造费用 | | | | |
| 产品生产成本 | | | | |

4. M 公司属于一般纳税人企业,专门生产 A、B 两种产品,20×7 年 10 月份有关 A、B 产品生产成本的资料如表 5-7 和表 5-8 所示。

(1)

**表 5-7　月初在产品成本资料**　　　　　　　　　　　　　　　元

| 产品名称 | 数量/件 | 成本项目 | | | |
| --- | --- | --- | --- | --- | --- |
| | | 直接材料 | 直接人工 | 制造费用 | 合计 |
| A 产品 | 400 | 74 180 | 30 900 | 24 720 | 129 800 |
| B 产品 | 150 | 47 550 | 16 100 | 12 880 | 76 530 |
| 合计 | — | 121 730 | 47 000 | 37 600 | 206 330 |

(2)

**表 5-8　公司本月发生的生产费用**　　　　　　　　　　　元

| 产品名称 | 直接材料 | 直接人工 | 制造费用 |
| --- | --- | --- | --- |
| A 产品 | 442 500 | 140 000 | 152 650 |
| B 产品 | 201 000 | 37 500 | |
| 合计 | 643 500 | 177 500 | 152 650 |

(3) 月末完工 A 产品 2 500 件,B 产品 800 件,两种完工产品均已经验收入库;

(4) 月末 A 产品未完工 500 件,其单位成本的组成如下:直接材料 180 元/件、直接人工 65 元/件、制造费用 52.5 元/件。B 产品已全部完工。

要求:

(1) 按本月直接人工费用的比例分配和结转本月发生的制造费用,并编制相应的会计分录。

(2) 计算和结转本月完工的 A、B 产品生产成本,并编制相应的会计分录。

# 第四节　销售过程业务的核算

## 一、学习内容和目的

- 掌握企业主营业务和其他业务的具体收支的会计核算方法;
- 理解和掌握销售收入的确认和计量问题;
- 掌握企业主营业务和其他业务的具体收支核算内容。

## 二、实训目的

销售过程是企业经营过程的最后一个阶段。本节主要阐述企业主营业务收支和其他业务收支的核算内容,使初学者了解企业主营业务和其他业务的具体收支核算内容,并掌握其会计核算方法。学习本节,要求理解和掌握销售收入的确认和计量问题,特别是商品销售收入的确认条件与核算、主营业务成本的核算和税金及附加的核算。

## 三、重点与难点

### (一)销售过程业务的主要内容

产品销售是企业的主要经济活动,销售过程是企业经营过程的最后阶段,也是企业的生产耗费获得补偿的过程。在产品销售过程中,企业一方面取得了销售商品的收入,即主营业务收入;另一方面产品的主营业务成本、在销售过程中发生的运输费、装卸费、包装费、广告费等销售费用、按照国家有关税法的规定计算缴纳的税金及附加等都应该从主营业务收入中得到补偿,补偿之后的差额即为企业的主营业务利润。企业除了发生销售商品、自制半成品以及提供工业性劳务等主营业务外,还可能发生销售材料、出租包装物、出租固定资产等其他业务,所以本节主要介绍企业的主营业务收入、成本和其他业务收入、成本的核算内容。

企业在销售过程中的主要经济业务包括:核算企业销售收入,办理货款结算;结转销售成本;计算税金及附加;支付销售产品发生的各项费用;确定销售业务的成果。

### (二)主营业务收入、成本的核算

销售商品、自制半成品以及提供工业性劳务等都属于企业主营业务范围,本节主要介绍主营业务中商品销售业务的核算内容,具体内容包括:商品销售收入的确认与计量、销售商品的成本计算与结转、税金及附加的计算与缴纳。

#### 1. 商品销售收入的确认与计量

收入的确认主要解决收入是否确认、如何确认和何时确认的问题,而收入的计量主要解决收入以多大金额入账的问题。企业在生产经营活动过程中所获得的收入应当以权责发生制为基础,根据收入实现原则加以确定与计量。

《企业会计准则第 14 号——收入》(财会[2017]22 号)要求企业应当在履行了合同中的履约义务,即在客户取得相关商品控制权时确认收入。其中,取得相关商品控制权,是指能够主导该商品的使用并从中获得几乎全部的经济利益。

根据收入准则的要求,企业在确认和计量收入时应遵循一定的判断依据和流程,即合同开始日,企业应当对合同进行评估,识别该合同所包含的各单项履约义务,并确定各单项履约义务是在某一时段内履行还是在某一时点履行,然后在履行了各单项履约义务时分别确认收入。具体可以分为以下五个步骤:

表 5-9　企业确认与计量收入的步骤

| 步　骤 | 含　义 |
|---|---|
| 第一步：识别与客户订立的合同 | 当企业与客户之间的合同同时满足下列条件时,企业应当在客户取得相关商品控制权时确认收入:(1)合同各方已批准该合同并承诺将履行各自义务;(2)该合同明确了合同各方与所转让商品或提供劳务相关的权利和义务;(3)该合同有明确的与所转让商品相关的支付条款;(4)该合同具有商业实质,即履行该合同将改变企业未来现金流量的风险、时间分布或金额;(5)企业因向客户转让商品而有权取得的对价很可能收回。对于不符合上述规定的合同,企业只有在不再负有向客户转让商品的剩余义务,且已向客户收取的对价无须退回时,才能将已收取的对价确认为收入;否则,应当将已收取的对价作为负债进行会计处理。 |
| 第二步：识别合同中的单项履约义务 | 履约义务,是指合同中企业向客户转让可明确区分商品的承诺。以下的承诺可作为单项履约义务:<br>(1) 企业向客户转让可明确区分商品的承诺。企业向客户承诺的商品同时满足下列条件的,应当作为可明确区分商品:①客户能够从该商品本身或从该商品与其他易于获得资源一起使用中受益;②企业向客户转让该商品的承诺与合同中其他承诺可单独区分。<br>(2) 企业向客户转让一系列实质相同且转让模式相同的、可明确区分商品的承诺,也应当作为单项履约义务。 |
| 第三步：确定交易价格 | 交易价格,是指企业因客户转让商品而预期有权收取的对价金额。企业代第三方收取的款项以及企业预期将退还给客户的款项,应当作为负债进行会计处理,不计入交易价格。企业应当根据合同条款,并结合其以往的习惯做法确定交易价格。在确定交易价格时,企业应当考虑可变对价、合同中存在的重大融资成分、非现金对价、应付客户对价等因素的影响。 |
| 第四步：将交易价格分摊至各单项履约义务 | 合同中包含两项或多项履约义务的,企业应当在合同开始日,按照各单项履约义务所承诺商品的单独售价的相对比例,将交易价格分摊至各单项履约义务。企业不得因合同开始日之后单独售价的变动而重新分摊交易价格。单独售价,是指企业向客户单独销售商品的价格。 |
| 第五步：履行每一单项履约义务时确认收入 | 企业应当在履行了合同中的履约义务,即在客户取得相关商品控制权时确认收入。企业应当根据实际情况,首先判断履约义务是否满足在一段时间内履行的条件,如果不满足,则该履约义务属于在某一时点履行的履约义务。<br>对于在某一时段内履行的履约义务,企业应当在该段时间内按照履约进度确认收入。企业应当考虑商品的性质,采用产出法或投入法确定恰当的履约进度。其中,产出法是根据已转移给客户的商品对于客户的价值确定履约进度;投入法是根据企业为履行履约义务的投入确定履约进度。当履约进度不能合理确定时,企业已经发生的成本预计能够得到补偿的,应当按照已经发生的成本金额确认收入,直到履约进度能够合理确定为止。<br>对于在某一时点履行的履约义务,企业应当在客户取得相关商品控制权时点确认收入。在判断客户是否已取得商品控制权时,企业应当考虑下列迹象:①企业就该商品享有现时收款权利,即客户就该商品负有现时付款义务;②企业已将该商品的法定所有权转移给客户,即客户已拥有该商品的法定所有权;③企业已将该商品实物转移给客户,即客户已实物占有该商品;④企业已将该商品所有权上的主要风险和报酬转移给客户,即客户已取得该商品所有权上的主要风险和报酬;⑤客户已接受该商品;⑥其他表明客户已取得商品控制权的迹象。 |

**2. 销售商品业务的会计处理**

为了核算销售商品这一主营业务收入,需要设置"主营业务收入""主营业务成本""税金及附加""销售费用""应交税费""应收账款""预收账款""应收票据"等账户。

(1)主营业务收入的核算

为了反映和监督企业销售商品和提供劳务所实现的收入以及因销售商品而与购买单位之间发生的货款结算业务,企业应设置"主营业务收入""应收账款""预收账款""应收票据"等账户。

①"主营业务收入"账户。该账户是损益类账户,核算企业在销售商品、提供劳务等主要经营业务所取得收入。该账户的贷方登记主营业务收入的实现数额;借方登记销售退回、折让发生额和结转入"本年利润"账户的数额;期末结转后本科目无余额。该账户应当按照主营业务的种类设置明细账,进行明细核算。

②"应收账款"账户。该账户是资产类账户,核算企业因销售商品等应向购货单位或接受劳务单位收取的款项。该账户借方登记应收的款项;贷方登记应收款的收回或因故确认为坏账转销的应收账款;期末余额一般在借方,表示尚未收回的款项,期末余额如在贷方,则反映的是企业预收的账款。该账户应当按照不同的应收款单位设置明细账,进行明细分类核算。

③"预收账款"账户。该账户是负债类账户,核算企业按照合同规定向购货单位预收的货款。该账户贷方登记企业向购货单位预收的货款数,以及销售实现时购货方补付的货款;借方登记产品销售实现时应收的货款数(即预收货款的减少);期末余额在贷方,表示企业预收货款数,期末余额在借方,表示应由购货单位补付的款项。该账户按预收货款单位设置明细分类账户,进行明细分类核算。

④"应收票据"账户。该账户属于资产类账户,用于核算企业因销售商品、提供劳务等经营活动收到的商业汇票。商业汇票按承兑人的不同,可分为商业承兑汇票和银行承兑汇票两种。该账户借方登记企业已经收到的商业汇票;贷方登记商业汇票到期收回的票面金额;期末余额在借方,表示尚未到期的应收票据。企业应设置"应收票据备查簿",逐笔登记每一应收票据。

增值税销项税额是指企业销售应税货物或提供应税劳务而收取的增值税税额,应按照增值税专用发票记载的货物售价和规定的税率进行计算,计算公式如下:

$$增值税销项税额 = 销售货物的不含税售价 \times 增值税税率$$

应在"应交税费—应交增值税"账户的贷方反映计算出的增值税销项税额,以便于抵扣其借方的增值税进项税额,确定增值税的应交额。为了核算增值税的进项税额、销项税额以及增值税的已交和未交情况,需要在应交增值税明细账中设置"进项税额""已交税金""销项税额""出口退税""进项税额转出""转出未交增值税""转出多交增值税"等专栏对其进行明细核算。

（2）主营业务成本的核算

企业在销售商品过程中,销售产品的成本被称为主营业务成本。将发出商品的成本转为主营业务成本,应遵循配比原则的要求,即主营业务成本不仅应与主营业务收入在同一会计期间加以确定,而且应与主营业务收入在数量上保持一致。主营业务成本的计算公式如下:

本期应结转的主营业务成本＝本期销售商品的数量×单位商品的生产成本

式中,单位商品的生产成本的确定,应考虑期初库存的商品成本和本期入库的商品成本情况。企业可以采用先进先出法、后进先出法、加权平均法等方法来确定单位商品的生产成本,方法一经选定,不得随意变动。

企业应当设置"主营业务成本"账户,来核算企业经营主营业务而发生的实际成本及其结转情况。该账户是损益类账户,借方登记已销售产品、提供劳务的实际成本数;贷方登记应冲减的销售成本和期末转入"本年利润"账户的已售产品成本的结转数;期末结转后无余额。该账户应按照销售商品的类别或品种开设明细分类账户,以进行明细分类核算。

（3）税金及附加的核算

企业在经营活动中,应当向国家税务机关缴纳相应的税金及附加,包括消费税、城市维护建设税、资源税、教育费附加、房产税、车船税、城镇土地使用税、印花税等税费。税金及附加一般是根据有关计税基数,按照规定的税率计算缴纳。其中:

应交消费税＝应税消费品的销售额×消费税税率

应交城建税＝（应交消费税＋应交增值税）×城建税税率

其中,市区税率为 7%,县城、镇税率为 5%,不在市区、县城、镇的税率为 1%。

企业应当设置"税金及附加"账户,用来核算企业负担的各种税金及附加的计算及其结转情况。该账户是损益类账户,借方登记企业按规定计算确定的与经营活动相关的税金与附加费;贷方登记转入"本年利润"账户的税金及附加数额;期末结转后无余额。该账户应按照税种开设明细分类账户,以进行明细分类核算。

## （三）其他业务收入、成本的核算

在经营过程中,企业不仅会发生主营业务,还会发生其他业务。其他业务是指企业在经营过程中发生的除主营业务以外的其他销售业务,包括销售材料、出租包装物、出租固定资产和无形资产、代购代销等活动。对不同的企业来说,主营业务和其他业务的内容划分不是绝对的,一个企业的主营业务可能是另一个企业的其他业务。即使在同一企业内,不同时期的主营业务和其他业务的内容也不是固定不变的。其他业务收入和成本的确认原则和计量方法与主营业务基本相同。

### 1. 其他业务收入的核算

企业应当设置"其他业务收入"账户,核算企业通过其他业务实现的收入情况。该账户是损益类账户,贷方登记其他业务收入的实现数额;借方登记期末将本账户的余额结转入"本年利润"账户的数额;期末结转后本科目无余额。该账户应当按照其他业务的种类设置明细账,进行明细核算。

2．**其他业务成本的核算**

其他业务成本是指企业确定的其他经营活动所发生的支出,包括销售材料的成本、出租固定资产的折旧额、出租无形资产的摊销额等。企业应当设置"其他业务成本"账户,用来核算其他业务成本的发生及其转销情况。该账户是损益类账户,其借方登记发生的其他业务成本;贷方登记结转入"本年利润"账户的其他业务成本数额;期末结转后该账户无余额。该账户应当按照其他业务的种类设置明细账户,以进行明细分类核算。

# 四、实训习题

## （一）单项选择题

1．在确认销售收入时,要求相关的经济利益很可能流入企业,这里"很可能"的可能性为（　　）。

　　A．50％以上　　　　B．5％　　　　　　C．90％以上　　　　C．60％

2．已经确认收入的销售商品发生销售折让的时候应该（　　）。

　　A．计入当期的财务费用　　　　　　B．冲减主营业务收入

　　C．冲减其他业务收入　　　　　　　D．计入其他业务成本

3．在确认收入之前发生的销售退回应当（　　）。

　　A．计入其他业务成本　　　　　　　B．计入当期管理费用

　　C．计入当期财务费用　　　　　　　D．转回库存商品

4．当存在商业折扣的情况下,下列说法正确的是（　　）。

　　A．商业折扣是在交易成立之后予以扣除的折扣

　　B．企业应收账款的入账金额按照折扣前的销售价格确认

　　C．企业应收账款的入账金额按照折扣后的实际售价确认

　　D．商业折扣是因为售出商品的质量不合格而在售价上给予的价格减让

5．20×8年8月1日,甲公司向乙公司销售商品4 000件,每件售价20元(不含增值税)。甲、乙均为增值税一般纳税人,使用税率均为17％。甲公司给予乙公司10％的商业折扣。乙公司于20×8年8月15日付款。不考虑其他因素,甲公司在该交易中,应当确认的销售收入是（　　）。

　　A．80 000　　　　　B．93 600　　　　C．68 965.50　　　D．72 000

6．对于预收账款业务不多的企业,可以不单独设置"预收账款"账户,而将预收的款项直接计入（　　）。

A. 应付账款　　　　　　　　　　　B. 应收账款

C. 主营业务收入　　　　　　　　　D. 主营业务成本

7. 甲企业本月销售 A 产品 10 000 元,成本 5 000 元。销售 B 产品 25 000 元,成本 18 000 元。本月 B 产品退货 5 000 元,成本 3 600 元。则甲企业本月的主营业务成本为(　　　)。

A. 19 400 元　　　　B. 23 000 元　　　　C. 14 400 元　　　　D. 35 000 元

8. 企业销售商品缴纳的各项税费中,不应计入"税金及附加"科目的有(　　　)。

A. 消费税　　　　　　　　　　　　B. 教育费附加

C. 城市维护建设税　　　　　　　　D. 增值税

9. 下列内容中,不应计入其他业务收入的是(　　　)。

A. 销售材料的收入　　　　　　　　B. 转让无形资产使用权的收入

C. 出租包装物的收入　　　　　　　D. 服务业企业提供劳务的收入

10. 下列各项内容中,应计入其他业务成本的是(　　　)。

A. 出租包装物的成本　　　　　　　B. 向雪灾灾区捐助的商品成本

C. 库存商品盘亏　　　　　　　　　D. 火灾导致的原材料烧毁的损失

11. 某企业为增值税一般纳税人,20×8 年 12 月 8 日采用预收账款方式销售商品,商品售价 100 000 元。企业于 20×8 年 12 月 10 日收到货款 117 000 元。20×9 年 1 月 15 日,企业发出货物并开出增值税发票。20×9 年 2 月 1 日,购货方收到货物。下列会计处理正确的是(　　　)。

A. 20×8 年 12 月 8 日确认商品销售收入 100 000 元

B. 20×8 年 12 月 10 日确认商品销售收入 100 000 元

C. 20×9 年 1 月 15 日确认商品销售收入 100 000 元

D. 20×9 年 2 月 1 日确认商品销售收入 100 000 元

12. 下列关于收入和利得的表述中,正确的是(　　　)。

A. 收入源于日常活动,利得源于非日常活动

B. 收入会导致所有者权益增加,利得不会影响所有者权益

C. 收入会影响利润,利得也一定影响利润

D. 收入源于日常活动,利得可能源于日常活动

13. 下列内容中,不属于企业收入的是(　　　)。

A. 销售原材料收入　　　　　　　　B. 出租包装物收入

C. 提供劳务的收入　　　　　　　　D. 出售固定资产的收入

14. 根据权责发生制,下列款项应确认为本月收入的是(　　　)。

A. 收到上月销货款项　　　　　　　B. 预收下月货款

C. 收到本月仓库租金　　　　　　　D. 本月预收购货定金

15. 企业转让无形资产使用权的收入,属于(　　　)。

A. 投资收益　　　　　　　　　　B. 营业外收入

C. 其他业务收入　　　　　　　　D. 主营业务收入

## （二）多项选择题

1. 鉴别销售收入实现的主要依据有（　　　）。

A. 相关的已发生或者将发生的成本能够可靠地计量

B. 不再对所有商品实施控制和继续管理

C. 相关经济利益很可能流入企业

D. 商品所有权上的主要风险和报酬已经转移给购货方

E. 收入的金额能可靠地计量

2. 营业收入的实现可能引起（　　　）。

A. 负债的增加　　　　　　　　　B. 资产的增加

C. 所有者权益的增加　　　　　　D. 负债的减少

3. 下列各项中，属于收入特征的有（　　　）。

A. 可以从偶发的经济活动中产生　　B. 从日常活动中产生

C. 收入包括代收的增值税　　　　　D. 可能表现为资产的增加

4. 某公司在 20×8 年 5 月销售一批产品，商品已经发出，增值税专用发票已经开出，已经办妥托收手续。此时购货方发生重大经济事故，无法付款。因此公司 5 月份并未确认收入，这是依据（　　　）。

A. 实质重于形式原则　　　　　　B. 谨慎性原则

C. 重要性原则　　　　　　　　　D. 配比性原则

5. 销售货物时，下列事项发生时可能冲减销售收入的是（　　　）。

A. 销售折让　　　B. 商业折扣　　　C. 现金折扣　　　D. 销售退回

6. 下列关于销售退回的说法正确的是（　　　）。

A. 在确认收入之前发生销售退回，只需要转回库存商品即可

B. 在确认收入之后，年度终了之前发生销售退回，冲减报告年度的收入以及相关的成本，税金

C. 在确认收入之后，年度财务报告批准报出之前发生销售退回，冲减报告年度的收入以及相关的成本，税金

D. 销售退回是因为商品质量、品种不符合要求导致的

7. 下列关于销售折让的说法正确的是（　　　）。

A. 在确认收入之前发生销售折让，按照扣除折让后的价格确认收入

B. 在确认收入之后发生销售折让，直接冲减销售收入

C. 销售折让是因为售出商品的质量不合格而给予的价格折让

D. 销售折让不论发生在收入确认的前后，都直接冲减销售收入

8. 预收账款余额表示（　　　）。

   A. 借方余额表示购货单位应当补付给本企业的货款

   B. 借方余额表示本企业预收的款项余额

   C. 贷方余额表示本企业预收的款项余额

   D. 贷方余额表示购货单位应当补付给本企业的货款

9. 通过"应收票据""应付票据"核算的票据包括（　　　）。

   A. 银行承兑汇票　　　　　　　　　B. 商业承兑汇票

   C. 支票　　　　　　　　　　　　　D. 银行汇票

10. 企业因为销售商品而发生应收账款,其入账价值包括（　　　）。

   A. 增值税销项税额　　　　　　　　B. 垫付的运杂费

   C. 销售商品的价款　　　　　　　　D. 采购人员差旅费

11. 企业销售商品缴纳的下列各项税费中,应记入"税金及附加"账户的有（　　　）。

   A. 消费税　　　　　　　　　　　　B. 教育费附加

   C. 城市维护建设税　　　　　　　　D. 增值税

12. 下列各项收入中,可能属于服务业企业的其他业务收入的有（　　　）。

   A. 提供运输劳务的收入　　　　　　B. 提供咨询服务的收入

   C. 出售固定资产的收入　　　　　　D. 销售材料的收入

13. 下列各项收入中,属于制造业的其他业务收入的是（　　　）。

   A. 罚款收入　　　　　　　　　　　B. 出售材料收入

   C. 出售固定资产　　　　　　　　　D. 提供产品修理收入

14. 下列选项中,在期末可能有余额的有（　　　）。

   A. 应收账款　　　　　　　　　　　B. 预收账款

   C. 应收票据　　　　　　　　　　　D. 主营业务收入

15. 企业缴纳的税费中,应记入"应交税费"账户的有（　　　）。

   A. 增值税　　　　　　　　　　　　B. 印花税

   C. 城市维护建设税　　　　　　　　D. 消费税

## （三）判断题

1. 判断收入实现的标志之一是相关的经济利益很可能流入企业的可能性是在40%以上。　　　　　　　　　　　　　　　　　　　　　　　　　　　　　　　（　　）

2. 判断一项商品所有权上的主要风险和报酬是否转移,需要关注实质。　　（　　）

3. 营业收入的实现可能引起负债的减少。　　　　　　　　　　　　　　（　　）

4. 收入一定是日常经济活动产生的。　　　　　　　　　　　　　　　　（　　）

5. 销售折让是因为要促销商品。　　　　　　　　　　　　　　　　　　（　　）

6. 商业折扣在交易发生之前就已经产生。　　　　　　　　　　　　　　（　　）

7. 印花税通过"税金及附加"账户处理。（　　）

8. 企业出售固定资产所获得的收入应当记入"其他业务收入"账户。（　　）

9. 企业转让无形资产所获得的收入应当记入"其他应业收入"账户。（　　）

10. 增值税可以抵减企业的销售收入。（　　）

11. 企业实现的销售收入可能导致所有者权益的增加，但能导致所有者权益增加的不一定是收入。（　　）

### （四）业务核算题

1. 大华公司 20×8 年 1 月发生下列业务：

（1）销售商品一批，价值 420 000 元，增值税 71 400 元，其中有 400 000 元已经收到存入银行，剩余 91 400 元尚未收到。

（2）收到上月销售商品的款项 10 000 元。

（3）本月销售商品一批，价值 50 000 元，增值税税率为 17%，款项尚未收到。

（4）按照约定合同，预收客户商品货款 300 000 元。

要求：根据上述经济业务，编制相关会计分录。

2. 天科公司于 20×9 年 1 月份发生下列业务：

（1）销售给飞扬公司甲产品 200 件，每件 20 元，乙产品 300 件，每件 15 元。增值税税率 17%，货款已收到并存入银行。

（2）预收腾华公司购买丙产品货款 6 000 元存入银行。

（3）以银行存款支付为销售丙产品所发生的广告费 10 000 元。

（4）以银行存款代垫飞扬公司购买乙产品的运输费 1 000 元。

（5）赊销给大明商店 400 台设备，发票注明的货款为 20 000 元，增值税税款 3 400 元。

（6）结转本月已销售的甲、乙产品的成本，其中甲产品单位成本 10 元，乙产品单位成本 8 元。

要求：根据上述经济业务，编制相关会计分录。

3. 甲公司 20×8 年 6 月发生下列业务：

（1）6 月 2 日，销售 A 产品 400 件，每件 200 元，货款 80 000 元，增值税税率 17%，货款已经收到并存入银行。

（2）6 月 4 日，收到 FG 股份有限公司上月所欠货款 8 000 元，存入银行。

（3）6 月 5 日，销售 B 产品 600 件，每件 500 元，货款 300 000 元，增值税税率 17%，货款尚未收到。

（4）6 月 17 日，销售给天恒公司 C 产品 200 件，每件 300 元，货款 60 000 元，增值税税率 17%，收到面值 70 200 元的商业承兑汇票一张。

（5）6 月 22 日，甲公司转让专利使用权，收入 200 000 元。

（6）6月27日，甲公司因销售产品，需缴纳城市维护建设税 20 000 元，教育费附加 4 000 元。

（7）6月30日，结转本月已销售商品的成本（具体内容见表 5-10）。

表 5-10    本月商品销售情况表 元

| 产品名称 | 数量 | 单位成本 | 总成本 |
| --- | --- | --- | --- |
| A 产品 | 400 | 100 | 40 000 |
| B 产品 | 600 | 300 | 180 000 |
| C 产品 | 200 | 200 | 40 000 |
| 合计 | 1 200 | 600 | 260 000 |

要求：根据上述经济业务，编制相关会计分录。

4. 天元公司是一家自行车销售公司。20×8年4月1日，天元公司向福喜公司销售 4 000 辆自行车，单位售价 500 元，单位成本 300 元。总价款 2 000 000 元，增值税税额 340 000 元。福喜公司应该在 5 月 1 日之前付款，在 8 月 31 日之前可以退货。天元公司已将自行车送出，款项尚未收到。天元公司估计本次销售会有退货情况产生，但无法根据以往的经验预计退货率。

（1）8月31日期满未发生退货，编制天元公司相应的会计分录。

（2）8月31日期满，发生退货 200 辆，编制天元公司相应的会计分录。

# 第五节    财务成果形成与分配业务的核算

## 一、学习内容和目标

- 理解并掌握利润的概念与计算方法；
- 理解并掌握财务成果的概念、营业利润的形成过程、净利润的形成过程以及企业的利润分配流程；
- 掌握期间费用、投资收益、营业外收支、所得税费用以及利润分配业务的内容及核算方法。

## 二、实训目的

本节主要介绍营业利润构成项目中的期间费用、投资收益以及净利润构成中的营业外收支、所得税费用的核算内容，并且详细阐述财务成果的含义、利润的内容及计算、企业利润分配业务的顺序及核算内容，目的是让初学者对营业利润有进一步的学习和理解，能够掌握营业利润构成项目中的期间费用、投资收益以及净利润构成中的营业外收支、所得税费用的核算。通过本节学习,要求理解财务成果(即利润)的构成与计算方法、营业利润形成过程的核算、净利润形成过程的核算,以及企业利润分配业务的核算,熟练掌握"管理费用""销售费用""投资收益""营业外收入""营业外支出""所得税费用""本年利润""利润分配"等账户的具体运用以及相关业务核算。

## 三、重点与难点

### (一)财务成果的含义

财务成果是指企业在一定会计期间所实现的最终经营成果,也就是企业所实现的利润或亏损总额。

### (二)利润的构成与计算

计算公式:

利润(或亏损)总额＝营业利润＋营业外收入－营业外支出

营业利润＝营业收入－营业成本－税金及附加－销售费用－管理费用－

财务费用－资产减值损失±公允价值变动净损益±投资净损益

净利润＝利润总额－所得税费用

### (三)营业利润形成过程的核算

#### 1. 期间费用的核算

期间费用是指不能直接归属于某个特定的产品成本,而应直接计入当期损益的各种费用。它包括为管理企业的生产经营活动而发生的管理费用、为筹集资金而发生的财务费用、为销售商品而发生的销售费用等。

为了核算期间费用的发生情况,企业需设置"财务费用""管理费用""销售费用"账户。"管理费用"属于损益类账户,其借方登记发生的各项管理费用,贷方登记期末转入"本年利润"账户的管理费用额,经过结转后,本账户期末没有余额;"销售费用"也属于损益类账户,其借方登记发生的各项销售费用,贷方登记期末转入"本年利润"账户的销售费用额,经过结转后,本账户期末没有余额。

#### 2. 投资收益的核算

企业为了合理有效地使用资金以获取更多的经济利益,除了进行正常的生产经营活动外,还可以将资金投放于债券、股票或其他财产等,形成企业的对外投资。

为了核算投资损益的发生情况,需要设置"投资收益"账户。"投资收益"属于损益类账户,其贷方登记实现的投资收益和期末转入"本年利润"账户的投资净损失,借方登记发生的投资损失和期末转入"本年利润"账户的投资净收益,经过结转后,本账户期末没有余额。

### （四）净利润形成过程的核算

#### 1. 营业外收支的核算

企业的营业外收支是指与企业正常的生产经营业务没有直接关系的各项收入与支出，包括营业外收入和营业外支出。

为了核算营业外收支的具体内容，需要设置"营业外收入""营业外支出"账户。"营业外收入"属于损益类账户，其贷方登记营业外收入的实现（即营业外收入的增加），借方登记期末转入"本年利润"账户的营业外收入额，经过结转后，本账户期末没有余额；"营业外支出"属于损益类账户，其借方登记营业外支出的发生（即营业外支出的增加），贷方登记期末转入"本年利润"账户的营业外支出额，经过结转后，本账户期末没有余额。

#### 2. 所得税费用的核算

所得税费用是指企业按照国家税法的有关规定，对企业某一经营年度实现的经营所得和其他所得，按照规定的所得税税率计算缴纳的一种税款。

为了核算所得税费用的发生情况，需要设置"所得税费用"账户。"所得税费用"属于损益类账户，其借方登记按照应纳税所得额计算出的所得税费用额，贷方登记期末转入"本年利润"账户的所得税费用额，经过结转后，本账户期末没有余额。

为了核算企业一定时期内财务成果的具体形成情况，需要设置"本年利润"账户。"本年利润"属于所有者权益类账户，其贷方登记会计期末转入的各项收入，包括主营业务收入、其他业务收入、营业外收入等，借方登记会计期末转入的各项费用，包括主营业务成本、税金及附加、其他业务成本、管理费用、财务费用、销售费用、营业外支出等。年末将该账户的余额转入"利润分配"账户，经过结转后，本账户期末没有余额。

企业所得税的计算公式：

$$应交所得税 = 应纳税所得额 \times 所得税税率$$

$$应纳税所得额 = 利润总额 \pm 所得税前利润中予以调整的项目$$

### （五）企业利润分配业务的核算

#### 1. 利润分配的顺序

利润分配是指企业根据股东大会或类似权力机构批准的、对企业可供分配利润指定其特定用途和分配给投资者的行为。

企业当年实现的净利润，首先应弥补以前年度尚未弥补的亏损，对于剩余部分，应按下列顺序进行分配：①提取法定盈余公积；②提取任意盈余公积；③向投资者分配利润或股利。

可供投资者分配的利润计算公式：

可供投资者分配的利润＝净利润－弥补以前年度亏损－提取法定盈余公积－

提取任意盈余公积＋以前年度未分配利润＋公积金转入数

本年末未分配利润＝可供投资者分配的利润－优先股股利－普通股股利

### 2．利润分配业务的核算

为了核算企业利润分配的具体过程及结果，全面贯彻企业利润分配政策，以便于更好地进行利润分配业务的核算，需要设置"利润分配""盈余公积""应付股利"等账户。

"利润分配"属于所有者权益类账户，其贷方登记年末从"本年利润"账户转入的全年实现的净利润额以及用盈余公积金弥补的亏损额等其他转入数，借方登记实际分配的利润额。年末，将该账户下的其他明细账户的余额转入"未分配利润"明细账户，经过结转后，除"未分配利润"明细账户有余额外，其他各个明细账户均无余额。

"盈余公积"属于所有者权益类账户，其贷方登记提取的盈余公积金，借方登记实际使用的盈余公积金，期末余额在贷方，表示结余的盈余公积金。

"应付股利"属于负债类账户，其贷方登记应付给投资人股利（现金股利）或利润的增加，借方登记实际支付给投资人的股利（现金股利）或利润，期末余额在贷方，表示尚未支付的股利（现金股利）或利润。

## 四、实训习题

### （一）单项选择题

1．下列各项中，影响企业营业利润额的是（　　）。

A．营业外收入　　　B．投资收益　　　C．所得税费用　　　D．营业外支出

2．下列选项中，不属于企业营业外支出的是（　　）。

A．坏账损失　　　　　　　　　　B．处置固定资产净损失

C．非常损失　　　　　　　　　　D．固定资产盘亏损失

3．企业出租固定资产所取得的租金收入，属于（　　）。

A．投资收入　　　　　　　　　　B．营业外收入

C．主营业务收入　　　　　　　　D．其他业务收入

4．企业发生公益性捐款时，应借记的账户是（　　）。

A．销售费用　　　B．其他业务支出　　　C．营业外支出　　　D．财务费用

5．企业因债权人撤销而转销无法支付应付账款时，应将所转销的应付账款计入（　　）。

A．资本公积　　　B．其他应付款　　　C．其他业务收　　　D．营业外收入

6．每月月末均需编制转账凭证，在账上结计出各损益类科目的余额并转入"本年利润"科目的利润核算方法是（　　）。

A．损益法　　　B．账结法　　　C．复杂法　　　D．表结法

7. 一般将企业所有者权益中的盈余公积和未分配利润称为（　　　）。

    A. 所有　　　　　　　B. 资本公积　　　　　C. 留存收益　　　　　D. 实收资本

8. 企业从税后利润中提取法定盈余公积金时，应贷记的账户是（　　　）。

    A. 盈余公积　　　　　B. 实收资本　　　　　C. 资本公积　　　　　D. 营业外收入

9. 下列选项中，"利润分配——未分配利润"账户的借方余额表达正确的是（　　　）。

    A. 本期实现的净利润　　　　　　　　　B. 本期发生的净亏损

    C. 累计实现的净利润　　　　　　　　　D. 累计发生的净亏损

10. "利润分配"所属明细账户中，年末可能存在的余额是（　　　）。

    A. 未分配利润　　　　　　　　　　　　B. 应付现金股利

    C. 提取任意盈余公积　　　　　　　　　D. 提取法定盈余公积

11. 某企业 20×7 年 8 月实现的主营业务收入为 500 万元，投资收益为 50 万元，营业外收入为 40 万元；发生的主营业务成本为 400 万元，管理费用为 25 万元，资产减值损失为 10 万元，假定不考虑其他因素，该企业 20×7 年 8 月份的营业利润为（　　　）。

    A. 85 万元　　　　　　B. 95 万元　　　　　　C. 105 万元　　　　　　D. 115 万元

12. 某企业 20×7 年主营业务收入 2 000 万元，主营业务成本 1 200 万元，营业税金及附加 100 万元，其他业务收入 500 万元，其他业务成本 300 万元，期间费用 150 万元，投资收益 250 万元，营业外收入 180 万元，营业外支出 230 万元，所得税费用 300 万元。该企业营业利润为（　　　）。

    A. 920 万元　　　　　B. 1 000 万元　　　　C. 1 200 万元　　　　D. 1 250 万元

13. 某企业 20×7 年 10 月 31 日所有者权益情况如下：实收资本 1 000 万元，资本公积 85 万元，盈余公积 190 万元，未分配利润 160 万元，则该企业 20×7 年 10 月 31 日的留存收益为（　　　）。

    A. 300 万元　　　　　B. 350 万元　　　　　C. 445 万元　　　　　D. 650 万元

14. 某企业"盈余公积"账户的年初余额为 400 万元，本年提取 540 万元，转增资本 320 万元，该企业"盈余公积"账户的年末余额为（　　　）。

    A. 620 万元　　　　　B. 840 万元　　　　　C. 940 万元　　　　　D. 1 260 万元

15. 某企业资产总额为 290 万元，负债总额为 58 万元，将 29 万元负债转为投入资本后，该企业所有者权益总额为（　　　）。

    A. 203 万元　　　　　B. 261 万元　　　　　C. 232 万元　　　　　D. 290 万元

16. 某企业年初所有者权益总额为 1 200 万元，本年度实现净利润为 800 万元，提取盈余公积 200 万元，向投资人分配股票股利 100 万元，年内用盈余公积金转增资本 300 万元。假设不考虑其他因素，则该企业年末的所有者权益总额为（　　　）。

    A. 1 700 万元　　　　B. 1 800 万元　　　　C. 1 900 万元　　　　D. 2 000 万元

17. 企业年初所有者权益额为 2 000 万元，年内接受捐赠资产 160 万元，本年实现利润总额 500 万元，所得税率 33%，按 10% 提取盈余公积金，决定向投资者分配利润 100 万元。则企业年末的所有者权益总额为（ ）。

    A. 2 160 万元    B. 2 201.5 万元    C. 2 350 万元    D. 2 425 万元

18. 某企业年初未分配利润 14 500 元，当年实现净利润 58 000 元，按 15% 的比例提取盈余公积金，该企业可供投资者分配的利润为（ ）。

    A. 48 300 元    B. 61 620 元    C. 63 800 元    D. 73 500 元

19. 某企业年初未分配利润为 200 万元，本年实现的净利润为 2 000 万元，按 10% 计提法定盈余公积金，按 5% 计提任意盈余公积金，宣告发放现金股利 160 万元，则企业本年末的未分配利润为（ ）。

    A. 1 710 万元    B. 1 720 万元    C. 1 730 万元    D. 1 740 万元

20. 某企业年初未分配利润贷方余额为 500 万元，本年实现利润总额为 2 000 万元，本年所得税费用为 750 万元，按净利润的 10% 提取法定盈余公积金，提取任意盈余公积金 62.5 万元，向投资人分配利润 62.5 万元。该企业年末未分配利润贷方余额为（ ）。

    A. 1 500 万元    B. 1 562.5 万元    C. 1 625 万元    D. 1 600 万元

## （二）多项选择题

1. 下列账户的余额在会计期末时应结转至"本年利润"账户的有（ ）。

    A. 税金及附加    B. 营业外收入

    C. 制造费用    D. 管理费用

    E. 所得税费用

2. 利润总额包括（ ）。

    A. 营业收入    B. 其他业务收入

    C. 投资收益    D. 营业外收支净额

    E. 公允价值变动损益

3. 下列各项中，可能引起企业利润增加的有（ ）。

    A. 接受现金捐赠    B. 银行存款的利息

    C. 债务投资利息收入    D. 销售商品

    E. 投资者认购股票

4. 关于"本年利润"账户，下列说法中正确的有（ ）。

    A. 贷方余额为实现的累计净利润额

    B. 年末经结转后该账户没有余额

    C. 贷方登记期末转入的各项收入额

    D. 借方余额为发生的累计亏损额

    E. 借方登记期末转入的各项支出额

5. 下列各项中，应当在计算净利润时扣除的有（ ）。

    A. 罚款支出    B. 所得税费用

    C. 法定盈余公积    D. 应付股利

　　E. 教育费附加

6. 下列各项中,能够影响企业营业利润的项目有(　　　)。

　　A. 原材料的销售收入　　　　　　　　　B. 罚款支出

　　C. 已销商品成本　　　　　　　　　　　D. 销售商品的收入

　　E. 出售固定资产的净收益

7. 下列项目中,影响企业当期利润总额的内容有(　　　)。

　　A. 无形资产出售利得　　　　　　　　　B. 流动资产盘盈

　　C. 提取法定盈余公积金　　　　　　　　D. 对外捐赠固定资产

　　E. 确定所得税费用

8. 营业收入的实现可能引起(　　　)。

　　A. 负债的减少　　　　　　　　　　　　B. 资产的增加

　　C. 所有者权益的增加　　　　　　　　　D. 负债的增加

　　E. 资产和负债同时增加

9. 企业发生的下列内容中,应计入营业外收入的有(　　　)。

　　A. 固定资产盘盈　　　　　　　　　　　B. 无法查明原因的现金溢余

　　C. 原材料盘盈　　　　　　　　　　　　D. 罚款收入

　　E. 转让无形资产所有权取得的净收益

10. 下列属于营业外支出的有(　　　)。

　　A. 出售原材料成本　　　　　　　　　　B. 罚款支出

　　C. 劳动保险费　　　　　　　　　　　　D. 处置固定资产净损失

　　E. 公益性捐赠支出

11. 与营业收入相配合进而确定营业利润的成本、费用包括(　　　)。

　　A. 销售费用　　　　　　　　　　　　　B. 财务费用

　　C. 商品销售成本　　　　　　　　　　　D. 管理费用

　　E. 税金及附加

12. 下列项目中,应在"管理费用"账户中核算的有(　　　)。

　　A. 诉讼费　　　　　　　　　　　　　　B. 房产税

　　C. 业务招待费　　　　　　　　　　　　D. 车间管理人员的工资

　　E. 差旅费

13. 下列项目中,"期间费用"一般应包括(　　　)。

　　A. 财务费用　　　　　　　　　　　　　B. 管理费用

　　C. 销售费用　　　　　　　　　　　　　D. 制造费用

　　E. 生产成本

14. 下列项目中,"销售费用"应包括(　　　)。

　　A. 销售人员工资　　　　　　　　　　　B. 包装费

　　C. 业务招待费　　　　　　　　　　　　D. 商品维修费

E. 展览费和广告费

15. 下列项目中,属于营业外支出的有(　　　)。

A. 出售无形资产净收益　　　　　　B. 固定资产盘亏净损失

C. 坏账损失　　　　　　　　　　　D. 罚款支出

E. 捐赠支出

16. 为具体核算企业利润分配及未分配利润情况,“利润分配”账户应设置相应的明细账户,下列属于“利润分配”明细账户的有(　　　)。

A. 应付现金股利　　　　　　　　　B. 提取资本公积金

C. 盈余公积补亏　　　　　　　　　D. 提取法定盈余公积

E. 未分配利润

17. 股份公司形成的可供投资者分配的利润,按要求还要进行的分配有(　　　)。

A. 支付优先股股利　　　　　　　　B. 支付普通股现金股利

C. 提取法定盈余公积　　　　　　　D. 提取资本公积

E. 转作股本的普通股股票股利

18. 下列账户中,属于利润分配形式的是(　　　)。

A. 以利润的形式分配给投资者

B. 以工资的形式支付给职工

C. 以销售税金的形式上缴给国家

D. 以公积金的形式留给企业

E. 以未分配利润的形式留给企业

19. 企业实现的净利润应进行相关的分配,具体分配的顺序包括(　　　)。

A. 计算缴纳所得税　　　　　　　　B. 支付银行借款利息

C. 提取法定盈余公积金　　　　　　D. 提取任意盈余公积金

E. 向投资人分配利润

## (三) 判断题

1. 企业以当年实现的净利润弥补以前年度结转的未弥补亏损时,不需要进行专门的账务处理。　　　　　　　　　　　　　　　　　　　　　　　　　　　　　(　　　)

2. 我国《公司法》规定,企业应按照税后利润的 5% 提取法定盈余公积金。　(　　　)

3. 企业按税后利润的一定比例提取的盈余公积金可以用来弥补亏损。　　(　　　)

4. 企业从税后利润中提取盈余公积金不属于利润分配的内容。　　　　　(　　　)

5. 企业当期实现的净利润提取了法定盈余公积金和任意盈余公积金之后的差额即为企业的未分配利润。　　　　　　　　　　　　　　　　　　　　　　　　　　(　　　)

6. 企业年末的未分配利润金额等于企业当年实现的税后利润加上年初的未分配利润。

(　　　)

7. 企业向投资者分配股票股利不需要进行账务处理。　　　　　　　　　(　　　)

8. 企业计算缴纳的所得税费用应以净利润为基础,加减各项调整因素。 （　　）

9. 企业的资本公积金和未分配利润也称为留存收益。 （　　）

10. 为了遵循配比原则的要求,企业应将营业外收入减去营业外支出进而确定营业外利润。 （　　）

11. 企业分给投资者的利润在实际支付给投资者之前形成企业的一项长期负债。
（　　）

12. 用盈余公积金向投资者分配现金股利,不会引起企业留存收益总额变化。
（　　）

13. 某企业年初未分配利润 200 万元,本年实现净利润 1 000 万元,提取法定盈余公积金 100 万元,提取任意盈余公积金 50 万元,则该企业年末可供分配的利润为 850 万元。
（　　）

14. 企业发生的营业外支出,在相应的会计期间,应当计入企业当期营业利润。
（　　）

15. 因债权人缘故确实无法支付的应付款项,不计缴企业所得税。 （　　）

16. 企业用盈余公积转增资本或弥补亏损时,均不会引起所有者权益总额变动。
（　　）

17. 年度终了,除"未分配利润"明细账户外,"利润分配"账户的其他明细账户应当没有余额。 （　　）

18. 年度终了,只有在企业盈利的情况下,才需要将"本年利润"账户的累计余额转入"利润分配——未分配利润"账户。 （　　）

19. 企业实现的营业利润减去所得税费用后即为税后利润。 （　　）

20. 财务成果是企业生产经营活动的最终成果,即利润或亏损。 （　　）

### （四）业务核算题

1. 未来股份公司 20×7 年年初所有者权益总额为 2 640 000 元。本年接受投资 300 000 元。1—12 月累计实现利润总额为 1 000 000 元。1—11 月累计已交所得税费用 214 000 元,所得税税率为 25%。年末按 10% 提取盈余公积金,董事会决定分配给投资者利润 132 400 元。

要求:计算公司 12 月份的应交所得税、年末未分配利润和年末所有者权益总额。

2. 未来股份公司期初负债总额 2 000 000 元,实收资本 1 600 000 元,资本公积 160 000 元,盈余公积 120 000 元,未分配利润 120 000 元。本期发生亏损 400 000 元,用盈余公积金弥补亏损 80 000 元。企业期末资产总额 3 960 000 元,本期内实收资本和资本公积没有发生变化。

要求:

（1）计算公司年末未分配利润数额及负债总额。

（2）分析说明本期亏损对公司期末资产和负债的影响。

3. 某企业 20×7 年度有关资料如下：

(1) 年初未分配利润为 200 万元,本年实现的利润总额为 960 万元,适用的所得税税率为 25%。

(2) 该企业按照税后利润的 10% 提取法定盈余公积金。

(3) 该企业提取任意盈余公积金 40 万元。

(4) 该企业向投资者分配现金股利 40 万元。

要求：

(1) 计算该企业本期所得税费用,并编制会计分录。

(2) 编制该企业提取法定盈余公积、任意盈余公积、分配现金股利的会计分录。

(3) 计算年末未分配利润。

4. 某企业 20×7 年 11 月 30 日有关损益类账户总分类账的累计余额如下所示。

主营业务收入：贷方累计余额 500 000 元

主营业务成本：借方累计余额 375 000 元

税金及附加：借方累计余额 30 000 元

销售费用：借方累计余额 25 000 元

其他业务收入：贷方累计余额 6 000 元

其他业务成本：借方累计余额 3 500 元

管理费用：借方累计余额 3 000 元

财务费用：借方累计余额 2 000 元

营业外收入：贷方累计余额 4 000 元

营业外支出：借方累计余额 1 500 元

此外,12 月份内企业发生以下收支经济业务。

(1) 出售产品一批,含税售价 58 500 元,增值税税率为 17%,货款收到存入银行。

(2) 按出售产品的实际销售成本 32 000 元进行结转。

(3) 按 5% 税率计算销售产品应缴纳的消费税 5 000 元。

(4) 以现金支付产品销售过程中的运杂费、包装费 500 元。

(5) 以银行存款支付管理部门办公经费 300 元。

(6) 以银行存款支付银行借款利息 700 元。

(7) 以银行存款支付违约罚金 500 元。

(8) 没收某公司逾期未还包装物加收的押金 300 元。

要求：

(1) 根据资料编制 12 月份会计分录。

(2) 计算 12 月末有关损益类账户累计余额。

(3) 结转 1—12 月各收入、支出账户余额。

(4) 计算并结转所得税费用。

(5) 将"本年利润"余额转入"利润分配"账户。

# 第六章

# 成 本 计 算

## 一、学习内容与目标

- 了解成本计算的原理;
- 掌握会计核算的基本方法——成本计算;
- 掌握制造业企业供产销三个过程进行成本计算的一般方法。

## 二、实训目的

本章重点阐述会计核算的基本方法——成本计算。主要内容包括成本计算的基本原理,成本计算方法以及制造业企业供产销三个过程进行成本计算的一般方法。目的是使初学者了解和掌握企业进行成本计算的方法,并能够应用在制造业企业的实际经济业务中。

## 三、重点与难点

### 1. 成本与费用的联系与区别

费用和成本是两个既有联系又有区别的概念。费用是已耗生产资料的转移价值和支付给劳动者的劳动报酬,用货币来计量,表现为一定量的资金耗费,在会计上称为费用。费用是与特定的会计期间相联系的,是按照权责发生制原则的要求来确定的。成本属于价值的范畴,是新增(或已耗)资产价值的组成部分。成本与特定的计算对象相联系,是根据收益性原理和重要性原理计算出来的。

### 2. 成本计算的程序

成本计算的一般程序包括:(1)收集、整理成本计算资料;(2)确定成本核算中心和成本计算对象,其中成本计算对象就是承担和归集费用的对象;(3)确定成本计算期,即间隔多长时间计算一次成本;(4)确定成本项目,即生产费用按其用途的分类,包括直接材料、直接人工和制造费用等;(5)正确地归集和分配费用;(6)设置和登记明细分类账户、编制成本计算表。

### 3. 成本计算的主要内容

对于制造业企业而言,其成本计算的具体内容包括原材料采购成本的计算、产品制造成本的计算和产品销售成本的计算等。

计算材料采购成本,首先应按材料的品种或类别确定成本计算对象,并在"原材料""在途物资"(材料按实际成本核算)或"材料采购"(材料按计划成本核算)账户下按材料的品种或类别分别设置明细分类账户,用以归集和分配应计入原材料采购成本的各种费用,编制材料采购成本计算表,借以计算确定各种材料的总成本和单位成本。原材料采购成本等于买价加采购费用。

计算产品制造成本,首先应确定成本计算期,通常是按月进行的;其次确定成本计算对象;然后将生产过程中发生的应计入产品生产成本的生产费用分配计入各相应产品,从而计算其制造总成本和单位成本。产品制造成本等于直接材料、直接人工与制造费用之和。为了归集生产费用,计算产品成本,企业应设置"生产成本"和"制造费用"等账户。结合期初在产品和期末在产品成本资料,即可计算本期完工产品成本。

计算产品销售成本,应根据已销售产品的数量乘以产成品平均单位成本计算求得。平均单位成本的确定,可以采用"月末一次加权平均法""移动加权平均法""先进先出法"等计价方法。企业通过"主营业务成本"账户核算已销产品的成本。

## 四、实训习题

### (一) 单项选择题

1. 下列各项费用中,不能直接记入"生产成本"账户的是(　　　)。
   A. 构成产品实体的原材料费用　　　B. 生产工人的工资
   C. 车间管理人员的薪酬　　　D. 生产工人的福利费

2. 以下所列的各种成本中,被称为主营业务成本的是(　　　)。
   A. 材料采购成本　　　B. 产品生产费用
   C. 产品生产成本　　　D. 产品销售成本

3. 下列各种中,不属于材料采购成本的是(　　　)。
   A. 材料买价　　　B. 外地运杂费
   C. 运输途中的合理损耗　　　D. 采购机构经费

4. 产品制造成本项目不包括(　　　)。
   A. 直接材料　　　B. 直接人工　　　C. 制造费用　　　D. 期间费用

5. 生产车间发生的制造费用经过分配后,一般计入(　　　)。
   A. 库存商品　　　B. 本年利润

  C. 生产成本           D. 主营业务成本

  6. 企业经营过程中,可以直接确定某种费用是为某项经营活动产生时,我们称这种费用为该成本计算对象的(  )。

  A. 生产费用     B. 直接费用     C. 间接费用     D. 期间费用

  7. 企业购入材料发生的运杂费等采购费用,应计入(  )。

  A. 管理费用     B. 材料采购成本    C. 生产成本     D. 销售费用

  8. 红星企业本期已销产品的生产成本为 50 000 元,销售费用为 4 000 元,其产品主营业务成本为(  )元。

  A. 54 000      B. 50 000      C. 46 000      D. 4 000

  9. 下列各项与存货相关的费用中,不应计入存货成本的是(  )。

  A. 材料采购过程中发生的运输费用

  B. 材料入库前发生的挑选整理费

  C. 材料入库后发生的储存费用

  D. 材料采购过程中发生的装卸费用

  10. 企业基本生产车间主任和技术人员等车间管理人员的薪酬费用,应计入(  )。

  A. 生产成本     B. 制造费用     C. 管理费用     D. 销售费用

  11. 红星企业只生产一种产品,本月期初在产品成本为 35 000 元。本月发生下列费用:生产领用原材料 50 000 元,生产工人工资 30 000 元,制造费用 20 000 元,管理费用 20 000 元,销售费用 9 000 元。月末在产品成本为 40 000 元。则企业本月完工产品成本为(  )元。

  A. 83 000      B. 90 000      C. 95 000      D. 118 000

  12. 应计入产品成本,但在发生时不能分清应由何种产品负担的费用,应该(  )。

  A. 直接计入当期损益

  B. 作为管理费用处理

  C. 直接计入生产成本账户

  D. 计入制造费用,期末再分配计入产品成本

## (二)多项选择题

  1. 影响本月完工产品总成本计算的因素有(  )。

  A. 月初在产品成本         B. 本月发生的生产费用

  C. 本月已销产品成本        D. 月末在产品成本

  E. 月末在产品数量

  2. 产品生产成本项目包括(  )。

  A. 直接费用     B. 直接材料     C. 直接人工

  D. 管理费用     D. 制造费用

  3. 为了争取地划分费用与成本的界限,制造业企业不得(  )。

A. 将应计入产品生产成本的生产费用计入期间费用

B. 将制造费用计入产品生产成本

C. 将期间费用计入产品生产成本

D. 将销售费用计入产品生产成本

E. 将筹集资金的费用计入产品生产成本

4. 对于制造业企业而言,下列内容应通过"制造费用"账户进行核算的是(　　)。

A. 生产车间管理人员的薪酬

B. 生产车间生产工人的薪酬

C. 生产车间固定资产折旧费

D. 行政管理部门固定资产折旧费

E. 生产车间一般性消耗的材料费用

5. 成本计算的主要程序包括(　　)。

A. 确定成本计算器

B. 确定成本计算对象

C. 确定成本项目

D. 归集和分配有关费用

E. 设置并登记有关账簿

## （三）判断题

1. 产品生产成本也就是产品的制造成本。　　　　　　　　　　　　　　　(　　)

2. 费用和成本是既有联系又有区别的两个概念,费用与特定的计算对象相联系,而成本则与特定的会计期间相联系。　　　　　　　　　　　　　　　　　(　　)

3. 成本是计量经营耗费和确定补偿尺度的重要工具。　　　　　　　　　(　　)

4. 成本计算对象可以是最终产品,也可以是加工到一定程度的半成品。　(　　)

5. 直接受益间接分配是成本计算的原理之一。　　　　　　　　　　　　(　　)

6. 产品成本计算器必须与产品的生产周期一致。　　　　　　　　　　　(　　)

7. 车间管理人员的薪酬费用不属于直接人工费用,因而不能计入产品成本,而应计入期间费用。　　　　　　　　　　　　　　　　　　　　　　　　　　(　　)

8. 制造费用和管理费用不同,本期发生的管理费用直接影响本期损益,而本期发生的制造费用不一定影响本期损益。　　　　　　　　　　　　　　　　　(　　)

9. 企业为组织生产经营活动而发生的一切管理活动的费用,包括车间管理费用和公司管理费用,都应作为期间费用处理。　　　　　　　　　　　　　　　　(　　)

10. "生产成本"账户的期末余额一般在借方,表示期末尚未销售出去的产品成本。

(　　)

## （四）业务核算题

1. 甲公司只生产一种产品,20×7 年 8 月份的有关资料如下。

(1) 原材料月初余额 376 000 元,月末余额 680 000 元;在产品月初余额 125 000 元,月末余额 158 000 元；库存商品月初余额 667 000 元,月末余额 750 000 元。

（2）本月有关项目的发生额分别为：生产工人工资 320 000 元,车间管理人员工资 100 000 元,厂部行政管理人员工资 60 000 元；本月购入材料 460 000 元,车间一般性消耗材料 72 600 元(本月发出的材料均用于车间产品的生产和一般性消耗)；本月销售产品的收入合计 1 300 000 元；本月发生的折旧费合计 32 800 元,其中,机器设备折旧费 16 000 元,车间用房折旧费 12 000 元,厂部办公用房折旧费 4 800 元；本月发生利息费用 5 000 元；本月发生销售产品的广告费 30 000 元。公司适用的所得税税率 25%。

要求：计算本月完工产品的生产成本、本月销售产品的成本和本月利润总额以及净利润。

2. 乙公司生产 A、B 两种产品,A 产品期初在产品成本为 70 500 元,本月发生材料费 155 000 元、生产工人工资 65 000 元,月末在产品成本为 26 500 元,完工产品数量为 200 件；B 产品没有期初在产品,本月发生材料费 75 800 元、生产工人工资 45 000 元,月末没有在产品,完工产品数量为 500 件。本月共发生制造费用 440 000 元(制造费用按生产工人工资比例分配)。

要求：计算 A、B 完工产品总成本和单位成本,并编制结转完工产品成本的会计分录。

3. 丙公司 2×17 年 10 月发生下列材料购入业务。

（1）购入 A 材料 250 千克,单价 140 元/千克,外地运杂费 1 600 元,增值税进项税额 5 600 元,款项通过银行支付。材料验收入库。

（2）购入 B 材料 400 千克,单价 95 元/千克,外地运杂费 3 450 元,增值税税率为 16%,验收入入库时发现损耗 5 千克,经查系运输途中合理损耗,款项未付。

（3）购入 A 材料 600 千克,C 材料 800 千克,发票注明 A 材料价款 78 000 元,C 材料价款 32 000 元,增值税税率为 16%。两种材料共发生外地运杂费 8 400 元,全部款项通过银行支付(运杂费按重量分配)。

（4）C 材料验收入库时发生整理挑选费用 2 000 元,用现金支付。

要求：

（1）编制本月业务的会计分录。

（2）根据上述资料编制 A、B、C 材料采购成本计算表。

4. 丁公司属于一般纳税人企业,专门生产 A、B 两种产品,20×7 年 10 月份有关 A、B 产品生产成本的资料如下。

（1）月初在产品成本资料见表 6-1。

表 6-1 月初在产品成本资料表 元

| 产品名称 | 数量 | 成本项目 | | | |
| --- | --- | --- | --- | --- | --- |
| | | 直接材料 | 直接人工 | 制造费用 | 合计 |
| A 产品 | 400 | 74 180 | 30 900 | 25 720 | 130 800 |
| B 产品 | 150 | 55 550 | 17 000 | 12 950 | 85 500 |
| 合计 | | 121 730 | 47 000 | 37 600 | 206 330 |

（2）公司本月发生的生产费用见表 6-2。

表 6-2 本月生产费用表 元

| 产品名称 | 直接材料 | 直接人工 | 制造费用 |
|---|---|---|---|
| A 产品 | 542 500 | 135 000 | 210 600 |
| B 产品 | 188 000 | 40 500 | |
| 合计 | 643 500 | 175 500 | 210 600 |

（3）月末完工 A 产品 2 500 件、B 产品 800 件，两种完工产品均已验收入库。

（4）月末 A 产品未完工 400 件，其单位成本的组成如下：直接材料 175 元/件，直接人工 68 元/件，制造费用 55 元/件。B 产品已全部完工。

要求：

（1）按本月直接人工费用的比例分配，结转本月发生的制造费用。

（2）计算并结转本月完工的 A、B 产品生产成本。

# 第七章

# 账簿与期末业务的处理

## 一、学习内容与目标

- 了解会计账簿的意义及种类；
- 掌握运用账簿登记经济业务的基本技能；
- 熟练掌握分类账簿的格式及其登记方法；
- 掌握期末账项调整的含义与类型。

## 二、实训目的

本章主要介绍会计核算的基本方法——登记账簿。目的是使初学者了解会计账簿的有关知识，掌握运用账簿登记经济业务的基本技能。通过学习应了解会计账簿的含义、会计账簿的设置原则和会计账簿的种类。熟练掌握序时账簿、分类账簿的格式及其登记方法，以及账簿的登记规则、错账的更正方法、结账与对账的方法等。了解期末账项调整的意义，更加深刻地理解权责发生制的含义，熟练地调整有关会计事项。

## 三、重点与难点

### 1. 会计账簿的意义及种类

账簿是指以会计凭证为依据，序时、连续、系统、全面地记录和反映企业、机关和事业等单位经济活动全部过程的簿籍。账簿按用途分为序时账簿、分类账簿、备查账簿；按外表形式分为订本式账簿、活页式账簿、卡片式账簿。

不同的账簿，应使用不同的账页格式反映相关的内容。目前，应用较广泛的特种日记账一般有：库存现金日记账和银行存款日记账。账页格式有：三栏式账页格式和多栏式账页格式两种。三栏式账页格式是指借方栏（或收入栏）、贷方栏（或付出栏）及结余栏。多栏式账页格式是按借方和贷方所对应的会计科目来设置专栏的。总账只反映货币计量指标，不反映实物计量指标。因此，总账的格式一般为三栏式。三栏式总账的登记，可按记账凭证逐笔登记，也可按定的方法（编制科目汇总表或编制汇总记账凭证）按日、按旬或按月汇总登记。

### 2. 账簿的格式

明细分类账的格式,按所反映的经济业务内容不同,有三栏式、数量金额式和多栏式之分。三栏式明细账适用于那些只需提供货币计量指标,不需(或不能)提供实物计量指标的经济业务;数量金额式明细账则适用于那些既需提供货币计量指标,又需提供实物计量指标的经济业务;多栏式明细账则适用于那些需按经济业务明细项目提供详细资料的经济业务。

### 3. 错账的更正

账簿记录发生错误时要加以更正。有四种账簿记录错误:一是会计凭证没有错误,在登记账簿时发生错误;二是记账凭证上的会计科目运用错误;三是记账凭证上的金额大于正确的金额;四是记账凭证上的金额小于正确的金额。对于第一种错误,可用划线更正法更正;对于第二种和第三种错误,可用红字更正法更正;对于第四种错误,可用补充更正法更正。

### 4. 对账与结账

在每个会计期末,为了保证账簿记录的真实性,及时总结企业的经营状况和财务状况,企业要进行对账和结账。所谓对账,是指采用核对、盘存和查询的方法,对财产物资进行检查,查明其账存数与实存数是否一致,并根据实存数修正账面记录的会计方法。对账的内容有账证核对、账账核对、账实核对等内容。

对账之后,在账簿记录正确的基础上,要进行结账。所谓结账,就是把一定时期内发生的经济业务在全部登记入账的基础上,计算出每个账户的本期发生额和期末余额,并将余额结转下期的会计方法。年度终了时要将主要会计账簿更换为新账簿。旧账簿应妥善保管,定期归档。保管期满的会计账簿,应按规定的手续销毁。

### 5. 期末账项调整

账项调整即期末按照权责发生制原则,对影响两个或两个以上会计期间的经济业务在会计期末进行调整,将各个会计期间的收入、费用进行正确地划分。期末账项调整主要有四种类型:本期已实现但尚未收到款项的收入;本期已发生但尚未支付款项的费用;已经收款但不属于本期的收入;已经支付但不属于本期的费用。

## 四、实训习题

### (一)单项选择题

1. 下列选项中属于特种日记账的是(　　)。

　A. 序时登记全部经济业务和多种经济业务的日记账

　B. 专门用来登记货币资金的日记账

C. 专门用来登记某一类经济业务的日记账

D. 对常见的经济业务分设专栏登记

2. 下列选项中适用于多栏式明细分类账的是(　　)。

　　A. 应收账款明细账　　　　　　　　B. 产成品明细账

　　C. 原材料明细账　　　　　　　　　D. 材料采购明细账

3. 下列选项中适用于总分类账的外表形式的是(　　)。

　　A. 订本式　　　　　B. 活页式　　　　　C. 多栏式　　　　　D. 数量金额式

4. 下列选项中不适用于三栏式账页的是(　　)。

　　A. 总账　　　　　　　　　　　　　B. 应付账款明细账

　　C. 库存现金日记账　　　　　　　　D. 原材料明细账

5. 下列选项中适用于数量金额式账页的是(　　)。

　　A. 生产成本明细账　　　　　　　　B. 库存商品明细账

　　C. 材料采购明细账　　　　　　　　D. 产品销售成本明细账

6. 应在存货分类账簿中登记的事项是(　　)。

　　A. 购入一台机器设备　　　　　　　B. 采购原材料一批

　　C. 租入一台机器设备　　　　　　　D. 接受一批委托加工材料

7. 记账后,如果发现记账错误是由于记账凭证所列示的会计科和金额错误引起的,可采用的更正错账方法是(　　)。

　　A. 红字更正法　　B. 划线更正法　　C. 补充登记法　　D. AB 均可

8. 下列选项中必须逐日逐笔登记的账簿是(　　)。

　　A. 明细账　　　　　B. 总账　　　　　C. 日记账　　　　　D. 备查账

9. 下列选项中记账凭证上记账栏中的"√"记号表示(　　)。

　　A. 已经登记入账　　　　　　　　　B. 不需登记入账

　　C. 此凭证作废　　　　　　　　　　D. 此凭证编制正确

10. 下列选项中"营业外收入"明细账应该采用的格式是(　　)。

　　A. 三栏式　　　　B. 多栏式　　　　C. 数量金额式　　　D. 任意格式

11. 下列科目的明细账中应采用"借方多栏式"的是(　　)。

　　A. 营业外收入　　B. 原材料　　　　C. 应交税费　　　　D. 制造费用

12. 期末根据账簿记录,计算并记录各账户的本期发生额和期末余额,在会计上称为(　　)。

　　A. 对账　　　　　B. 结账　　　　　C. 调账　　　　　D. 查账

13. 下列选项中可以作为编制会计报表直接依据的账簿是(　　)。

　　A. 序时账簿　　　B. 备查账簿　　　C. 分类账簿　　　D. 特种日记账

## (二) 多项选择题

1. 企业到银行提取现金 900 元,此项业务应登记(　　)。

A. 库存现金日记账 　　　　B. 银行存款日记账

C. 总分类账 　　　　　　　　D. 明细分类账

E. 备查账

2. 红字更正法的方法要点是(　　　)。

A. 用红字金额填写一张与错误记账凭证完全相同的记账凭证并用红字记账

B. 用红字金额填写一张与错误原始凭证完全相同的记账凭证并用红字记账

C. 用蓝字金额填写一张与错误原始凭证完全相同的记账凭证并用蓝字记账

D. 再用红字重填一张正确的记账凭证,登记入账

E. 再用蓝字重填一张正确的记账凭证,登记入账

3. 下列选项中登记账簿的要求有(　　　)。

A. 账簿书写的文字和数字上面要留适当空距,一般应占格长二分

B. 登记账簿要用圆珠笔、蓝黑或黑色墨水书写

C. 不得用铅笔

D. 各种账簿按页次顺序连续登记,不得跳行、隔页

E. 登记后,要在记账凭证上签名或盖章,并注明已记账的符号,表示已记账

4. 采用划线更正法,其要点是(　　　)。

A. 在错误的文字或数字(单个数字)上划一条红线注销

B. 在错误的文字或数字(整个数字)上划一条红线注销

C. 在错误的文字或数字上划一条蓝线注销

D. 将正确的文字或数字用蓝字写在划线的上端

E. 更正人在划线处盖章

5. 下列选项中多栏式明细分类账又可以分为(　　　)。

A. 借方多栏式明细账

B. 贷方多栏式明细账

C. 借方贷方多栏式明细账

D. 对方科目多栏式明细账

E. 全部科目多栏式明细账

6. 下列选项中可使用补充登记法更正差错的情况有(　　　)。

A. 在记账后

B. 所填金额大于应填金额发现

C. 发现记账凭证中应借、应贷科目有错

D. 发现记账凭证中应借、应贷科目无错

E. 所填金额小于应填金额

7. 在会计工作中红色墨水可用于(　　　)。

A. 记账 　　　　　　B. 结账 　　　　　　C. 对账

D. 冲账　　　　　E. 算账

8. 账簿按用途不同可分为(　　)。

    A. 序时账簿　　　　B. 分类账簿　　　　C. 联合账簿

    D. 备查账簿　　　　E. 活页式账簿

9. 明细分类账的格式有三栏式、多栏式、数量金额式,相应地各适用于(　　)。

    A. 债权债务明细账　　　　　　　　　B. 卡片式明细账

    C. 收入、费用成本式明细账　　　　　D. 活页式明细账

    E. 材料物资类明细账

10. 总账和明细账之间的登记应该做到(　　)。

    A. 登记的原始依据相同　　　　　　　B. 登记的方向相同

    C. 登记的金额相同　　　　　　　　　D. 登记的人员相同

    E. 登记的时点相同

## (三) 判断题

1. 在整个账簿体系中,日记账和分类账是主要账簿,备查账为辅助账簿。　　(　　)

2. 三栏式账簿一般适用于费用、成本等明细账。　　　　　　　　　　　　(　　)

3. 多栏式日记账实际上是普通日记账的一种特殊形式。　　　　　　　　　(　　)

4. 结账之前,如果发现账簿中所记文字或数字有过账笔误或计算错误,而记账凭证并没有错,可用划线更正法更正。　　　　　　　　　　　　　　　　　　　(　　)

5. 账簿即会计账户。　　　　　　　　　　　　　　　　　　　　　　　(　　)

6. 就现金业务而言,目前我国企业设库存现金日记账和库存现金总分类账,同时还应设库存现金明细分类账。　　　　　　　　　　　　　　　　　　　　　(　　)

7. 总分类账、库存现金及银行存款日记账一般采用活页式账簿。　　　　　(　　)

8. 普通日记账既可以取代记账凭证,也可以取代总分类账。货币资金的日记账可以取代其总账。　　　　　　　　　　　　　　　　　　　　　　　　　(　　)

9. 平行登记要求总账与其相应的明细账必须同一时刻登记。　　　　　　　(　　)

10. 明细账必须逐日逐笔登记,总账必须定期汇总登记。　　　　　　　　　(　　)

## (四) 业务核算题

1. 东方企业"原材料"账户4月1日余额为50 000元。其中:甲材料有550千克,单价20元/千克;乙材料3 250千克,单价12元/千克。本月发生下列原材料收发业务:

(1) 4月10日,购入甲材料500千克,单价20元/千克;乙材料1 200千克,单价12元/千克。材料已经验收入库,货款已付。

(2) 4月11日,仓库发出材料各类用途如下:生产产品领用甲材料400千克、乙材料1 850千克,车间领用甲材料300千克,行政管理部门领用乙材料400千克。

要求：

(1) 编制本月业务的会计分录。

(2) 开设并登记原材料总账(T 形账户)和明细分类账。

(3) 编制总分类账户与明细分类账户发生额及余额对照表。

2. 红星企业生产 A、B 两种产品,2×17 年 6 月份有关资料如下。

(1) 期初结存的未完工 A 产品各成本项目余额如下：直接材料 1 500 元,直接人工 1 240 元,制造费用 4 500 元,共计 7 240 元。

(2) 本月为生产 A、B 产品发生的费用如下。

A 产品耗用甲材料 120 千克、耗用乙材料 60 千克,B 产品耗用乙材料 40 千克(假设甲材料单位成本为 35 元/千克,乙材料单位为 78 元/千克)。

A 产品生产工人工资为 4 000 元,B 产品生产工人工资为 5 000 元。

制造部门本月共发生间接费用 10 800 元,以生产工人工资比例为标准分配。

本月生产的 100 件 A 产品全部制造完工,50 件 B 产品也已制造完工,尚有 10 件 B 产品没有完工,视同在产品处理。在产品每件按下列计价：直接材料 9 元/件、直接人工 5 元/件、制造费用 3 元/件,共计 17 元/件。

要求：(1) 编制有关业务的会计分录。

(2) 登记 A、B 产品生产成本明细分类账。

3. 错账更正的会计处理。

(1) 公司接到银行通知,收到企业存款利息 7 000 元,已做会计凭证(以会计分录代替)如下。

借：银行存款                                                    700

　　贷：财务费用                                                    700

同时已经登记入账。

(2) 公司用银行存款支付欠款 18 600 元,过总账时,记银行存款贷方 18 600 元,错记应收账款借方 18 600 元。记账凭证正确,过入总账时笔误。

(3) 公司用现金支付邮资费 80 元,记账凭证正确,有关账户均未过账。

(4) 公司用银行存款归还短期借款 3 700 元和利息 40 元。做记账凭证(以会计分录代替)如下。

借：短期借款                                                    3 740

　　贷：银行存款                                                    3 740

同时已经登记入账。

要求：判断以上业务账务处理是否正确,如有错误,请采用合适的错账更正方法编制更正分录。

# 第 八 章

# 财 产 清 查

## 一、学习内容和目标

- 了解企业财产清查的重要性，学习和掌握财产清查的程序和方法；
- 掌握货币资金、实物财产和应收款的清查及其财产清查结果的账务处理方法。

## 二、实训目的

通过实训，可以使初学者了解财产清查对于保证会计核算质量的重要意义。财产清查是 7 种会计核算专门方法之一，为了保证账簿记录的正确性，必须对财产物资进行定期或不定期的清点和审查工作。通过财产清查，可以保证企业账簿记录的真实和准确，查找企业财产物资管理工作中存在的问题，确保企业财产的完整，做到账实相符。通过学习，能够熟练掌握各类财产清查的具体方法，特别是针对不同的清查内容可以采用不同方法，进行适合的清查工作。

## 三、重点和难点

### 1. 财产清查及其意义

财产清查是会计核算的一种专门方法，也是财产管理的一项重要制度，它是为了核算和监督账簿记录的真实性和财产保管使用的合理性而进行的。

### 2. 财产清查的内容和方法

财产清查主要包括货币资金的清查、银行存款的清查、实物资产的清查和应收应付款的清查。货币资金可采用实地清点的方法，核对日记账簿与库存现金的数额；将银行对账单与银行存款日记账核对，对出现的未达账项，可编制银行存款余额调节表来调整；对存货或固定资产等实物资产的清查，可核对账簿记录和实存数量，对于盘盈或盘亏数量进行登记，留待后续处理；对于应收应付款的清查采用信函询证对应单位的方法。

### 3. 财产清查结果的账务处理

对银行存款在实际工作中存在未达账项的四种情况,编制银行存款余额调节表,同时调节记账差错。对于存货盘盈、盘亏与固定资产盘亏,通过"待处理财产损溢"账户登记清查结果,正确区分各项资产清查结果的会计处理的不同点。注意固定资产盘盈的特殊情况。

## 四、实训习题

### (一)单项选择题

1. 现金清查的方法是(    )。
   A. 技术推算法　　　　　　　　B. 实地盘点法
   C. 外调核对法　　　　　　　　D. 与银行对账单相核对

2. 一般而言,单位撤销、合并时,要进行(    )。
   A. 定期清查　　　B. 全面清查　　　C. 局部清查　　　D. 实地清查

3. 对于现金的清查,应将其结果及时填列(    )。
   A. 盘存单　　　　　　　　　　B. 实存账存对比表
   C. 现金盘点报告表　　　　　　D. 对账单

4. 银行存款清查的方法是(    )。
   A. 日记账和对账单核对　　　　B. 日记账与收付款凭证核对
   C. 日记账与总分类账核对　　　D. 总分类账和收付款凭证核对

5. 对于大量成堆难以清点的财产物资,应采用的清查方法是(    )。
   A. 实地盘点法　　　　　　　　B. 抽样盘点法
   C. 询证核对法　　　　　　　　D. 技术推算法

6. 在记账无误的情况下,造成银行对账单和银行存款日记账不一致的原因是(    )。
   A. 应付账款　　　B. 应收账款　　　C. 未达账项　　　D. 外埠存款

7. 对清查中已查明责任的盘亏财产物质,凡因自然灾害发生的意外损失,应计入(    )。
   A. 营业外支出　　　B. 管理费用　　　C. 生产成本　　　D. 其他应收款

8. 实存账存对比表是调整账面记录的(    )。
   A. 记账凭证　　　B. 转账凭证　　　C. 原始凭证　　　D. 累计凭证

### (二)多项选择题

1. 财产清查按照清查的对象和范围可分为(    )。
   A. 全面清查　　　B. 定期清查　　　C. 不定期清查
   D. 局部清查　　　E. 技术推算盘点

2. 采用实地盘点法进行清查的是（　　）。

    A. 固定资产　　　　B. 产成品　　　　C. 库存现金

    D. 银行存款　　　　E. 往来结算款项

3. 导致企业的账面存款余额小于银行对账单的存款余额的未达账项是（　　）。

    A. 企业已收款入账，而银行尚未入账的账项

    B. 企业已付款入账，而银行尚未入账的账项

    C. 银行已收款入账，而企业尚未入账的账项

    D. 银行已付款入账，而企业尚未入账的账项

    E. 企业和银行双方都未入账的账项

4. "待处理财产损溢"科目，借方金额栏登记的内容有（　　）。

    A. 待处理财产物资盘亏净值　　　　　　B. 待处理财产物资盘亏原值

    C. 待处理财产物资毁损净值　　　　　　D. 待处理财产物资毁损原值

    E. 结转批准处理的流动资产盘盈数

## （三）判断题

1. 会计部门要在财产清查之后将所有的经济业务登记入账并结出余额，做到账账相符、账证相符，为财产清查提供可靠的依据。　　　　　　　　　　　　　　　（　　）

2. 对在银行存款清查时出现的未达账项，可编制银行存款余额调节表来调整，该表是调节账面余额的原始凭证。　　　　　　　　　　　　　　　　　　　　　　（　　）

3. 未达账项是指在企业和银行之间，由于凭证的传递时间不同致记账时间不一致，即一方已接到有关结算凭证已经登记入账，而另一方尚未接到有关结算凭证而未入账的款项。　　　　　　　　　　　　　　　　　　　　　　　　　　　　　　　　（　　）

4. 为了反映和监督各单位在财产清查过程中查明的各种资产的盈亏及报经批准后的转销数额，应设置"待处理财产损溢"账户，该账户属于负债类账户。　　　　　（　　）

5. "实存账存对比表"是财产清查的重要报表，是调整账面记录的原始凭证，也是分析盈亏原因、明确经济责任的重要依据。　　　　　　　　　　　　　　　　　（　　）

6. 对于未达账项应编制银行存款余额调节表进行调节，同时将未达账项编制记账凭证调整入账。　　　　　　　　　　　　　　　　　　　　　　　　　　　　　（　　）

7. 进行财产清查时，如发现账存数小于实存数，即为盘亏。　　　　　　　（　　）

8. 年度决算之前要进行全面清查，这属于定期清查。　　　　　　　　　　（　　）

## （四）业务核算题

1. 某工业企业 2016 年 1 月银行存款日记账 20 日至月末所记经济业务如下。

（1）20 日开出支票＃09678，支付购入材料的货款 1 400 元；

（2）21 日存入销货款转账支票 2 400 元；

（3）24 日开出支票♯09679，支付购料运杂费 700 元；

（4）26 日开出支票♯09680，支付下季度的房租 1 600 元；

（5）27 日收到销货转账支票 9 700 元；

（6）30 日开出支票♯09681，支付日常零星费用 200 元；

（7）31 日银行存款日记账余额 33 736 元。

银行对账单所列 20 日至月末经济业务如下。

（1）20 日结算银行存款利息 792 元；

（2）22 日收到企业开出支票♯09678，金额为 1 400 元；

（3）24 日收到销售款转账支票 2 400 元；

（4）26 日银行为企业代付水电费 1 320 元；

（5）27 日收到企业开出支票♯09679，金额为 700 元；

（6）30 日代收外地企业汇来货款 1 400 元；

（7）31 日银行对账单余额 26 708 元。

要求：根据以上资料，编制"银行存款余额调节表"，并计算出调节后的银行存款余额。

2. 某企业 2015 年 12 月 20 日至 31 日根据银行存款日记账见表 8-1。

表 8-1　银行存款日记账　　　　　　　　　　　　　　　　　　元

| 2015 年 | | 凭证 | | 摘要 | 对方科目 | 收入 | 支出 | 余额 |
|---|---|---|---|---|---|---|---|---|
| 月 | 日 | 种类 | 编号 | | | | | |
| 12 | 19 | | | 承前页 | | | | 200 000 |
| | 20 | 银收 | 28 | （略） | 预收账款 | 25 000 | | 225 000 |
| | 25 | 现付 | 29 | （略） | 现金 | 18 450 | | 243 450 |
| | 27 | 银付 | 31 | （略） | 应付账款 | | 35 100 | 208 350 |
| | 28 | 银收 | 29 | （略） | 主营业务收入 | 15 000 | | 223 350 |
| | | | | （略） | 应交税金 | 2 550 | | 225 900 |
| | 30 | 银付 | 32 | （略） | 现金 | | 56 000 | 169 900 |
| | 30 | 银付 | 33 | （略） | 固定资产 | | 42 000 | 127 900 |

该企业 12 月末从银行取得的对账单见表 8-2。

表 8-2　银行存款对账单（2015 年 12 月 24 日至 31 日部分经济业务及月末余额）

| 日期 | 内容摘要 | 金额 |
|---|---|---|
| 24 日 | 收到华泰公司货款（银收字 28 号） | 25 000 |
| 25 日 | 收到交存的现金（现付字 29 号） | 18 450 |
| 25 日 | 代付水电费（银付字 30 号） | 26 000 |
| 30 日 | 企业提取现金（银付字 32 号） | 56 000 |
| 30 日 | 收到永安公司货款（银收字 33 号） | 38 090 |
| 31 日 | 月末余额 | 199 540 |

要求：将"银行存款日记账"与"银行存款对账单"进行核对，编制银行存款余额调节表（答案填在表 8-3 内）。

表 8-3　银行存款余额调节表

2015 年 12 月 31 日　　　　　　　　　　　　　　　　　　　　　　　　　元

| 项　　目 | 金额 | 项　　目 | 金额 |
|---|---|---|---|
| 企业银行存款日记账余额<br>加：<br><br><br>减： | | 银行对账单余额<br>加：<br><br><br>减： | |
| 调节后的存款余额 | | 调节后的存款余额 | |

3. 某企业发生以下经济业务。

（1）月末财产清查发现库存材料亏损 1 500 元。

（2）经查，上述亏损材料中 1 000 元为定额内的自然损耗；另外 500 元，由于管理不善而造成，应由过失人赔偿，已批复。

（3）年终进行财产清查发现如下问题。

① 盘盈设备一台，重置完全价值 7 000 元，估计现值 5 000 元；

② 盘亏甲材料 100 千克，每千克 7 元，其中 20 千克为收发计量上的错误引起的，其余的原因待查，建议查明原因后再处理；

③ 盘盈乙材料 400 千克，每千克 1 元，其中有 200 千克是企业转产后的剩余材料，另外 200 千克由日常收发计量误差引起；

上列盘盈、盘亏和损失，报经上级批准的处理意见如下。

① 盘盈可继续使用，作为企业营业外收入处理；

② 计量差错调整管理费用，尚未查明原因的材料损失，应继续追查原因，明确经济责任；

③ 转产后的剩余材料做退库处理，调整管理费用。

要求：根据以上资料编制有关会计分录。

## （五）简答题

1. 什么是财产清查？进行财产清查有哪些意义？

2. 简述企业与银行之间发生未达账项的基本类型及其调整核对方法。

3. 财产清查有哪些种类？

4. 进行正式清查前，应做哪些准备工作？

# 第 九 章

# 财务会计报告

## 一、学习内容和目标

- 了解财务报告在质量、形式、时间和编制上的基本要求;
- 学习和掌握财务报表的编制,理解每一张报表的作用;
- 初步认识资产负债表、利润表、现金流量表和所有者权益变动表等表中的项目含义。

## 二、实训目的

通过实训,可以使初学者学会识别会计信息的用户,理解对会计信息质量的要求,学习编制简单的财务会计报告。财务报告是会计工作的结果,通过编制和提供财务报告,使会计信息使用者能够了解企业的财务状况、经营成果和现金流量情况,并依据财务报告信息做出相关的经济决策。通过实训,应了解财务会计报告的定义和作用,掌握资产负债表和利润表的基本编制方法。

## 三、重点和难点

### 1. 财务会计报告的定义、作用与种类

财务会计报告,又称财务报告,是指企业对外提供的反映企业某一特定日期财务状况和某一会计期间经营成果、现金流量等会计信息的文件。

财务报告的主要作用是向财务会计报告使用者提供真实、公允的信息,用于落实和考核企业领导人经济责任的履行情况,并有助于包括所有者在内的财务报告使用者的经济决策。

### 2. 财务会计报告包括的内容

企业的财务报告包括会计报表、会计报表附注和其他应当在财务报告中披露的相关信息和资料。企业对外提供的财务报告的内容、会计报表种类和格式、会计报表附注的

主要内容等,由会计准则规定;企业内部管理需要的会计报表由企业自行规定。

企业对外提供的会计报表至少包括:资产负债表、利润表、现金流量表、所有者权益(或股东权益)变动表。

### 3. 财务会计报告的基本要求

财务会计报告的基本要求包括财务会计报告的质量要求、时间要求、形式要求和编制要求。

### 4. 会计报表的编制

在会计报表的编制过程中,注意对各财务会计报表之间勾稽关系的理解。

(1) 资产负债表的概念、结构与内容

资产负债表属于静态报表,是反映企业在某一特定日期财务状况的报表,主要提供有关企业财务状况方面的信息。资产负债表包括的内容有:企业的各项资产的总额及其构成,包括流动资产和非流动资产;负债总额及其构成,包括流动负债和非流动负债;所有者权益总额及其构成,包括投资者投入的资本以及留存收益。

(2) 利润表的概念、结构和内容

利润表是反映企业在一定期间内生产经营成果的会计报表。它是会计报表中的主要报表。我国企业采用的是多步式利润表格式。一般情况下,利润表主要反映以下几方面的内容:①构成营业利润的各项要素。从营业收入出发,扣除企业或其他经济组织日常主要经营活动中所发生的营业成本、税金及附加、期间费用以及资产减值损失,加上公允价值变动收益(减去公允价值变动损失)和投资收益(减去投资损失)等项目,从而计算出营业利润。②构成利润总额的各项要素。在营业利润的基础上,加减营业外收支等项目后得出。③构成净利润的各项要素。在利润总额的基础上,减去所得税费用后得出。

## 四、实训习题

### (一) 单项选择题

1. 会计报表编制的依据是(　　)。

　　A. 原始凭证　　　　B. 记账凭证　　　C. 科目汇总表　　　D. 账簿记录

2. 在会计报表中,根据"收入－费用＝利润"这一计算公式编制的报表是(　　)。

　　A. 资产负债表　　　　　　　　　　　　B. 损益表

　　C. 利润分配表　　　　　　　　　　　　D. 主营业务收支明细表

3. 年末资产负债表上"未分配利润"项目是根据(　　)填列的。

　　A. "本年利润"账户余额　　　　　　　　B. "利润分配"账户余额

　　C. "盈余公积"账户余额　　　　　　　　D. 损益表

4. "资产＝负债＋所有者权益"不是(　　)。

A. 设置账户的理论依据

B. 复式记账的理论依据

C. 编制资产负债表的理论依据

D. 总分类账户与明细分类账户平行登记的理论依据

5. 资产负债表中"应收账款"项目的填列,应根据(　　　)。

A. "应收账款"总账账户的期末余额

B. "应收账款"总账账户所属明细账户的期末余额

C. "应收账款"和"预收账款"总账账户本期借方余额的合计数

D. "应收账款"和"预收账款"总账账户所属明细账户本期借方余额的合计数

6. 科目汇总表核算形式(　　　)。

A. 加大了登记总账的工作量　　　　　　B. 便于查对账目

C. 不便于查对账目　　　　　　　　　　D. 适用于经济业务量很少的单位

7. 资产负债表是反映企业(　　　)财务状况的会计报表。

A. 某一特定日期　　　　　　　　　　　B. 一定时期内

C. 某一年份内　　　　　　　　　　　　D. 某一月份内

8. 所有者权益变动表是(　　　)。

A. 利润表的附表　　　　　　　　　　　B. 会计报表的主表

C. 资产负债表的附表　　　　　　　　　D. 现金流量表的附表

## (二)判断题

1. 损益类账户反映企业收入的取得、费用的发生和利润的形成。　　　　　　(　　　)

2. 在利润表中,对主营业务和其他业务合并列示,而将各项利润单独列示,这一做法
体现了配比原则。　　　　　　　　　　　　　　　　　　　　　　　　　　　　(　　　)

3. 损益表是反映企业某一日期经营成果及其分配情况的报表。　　　　　　(　　　)

4. 资产负债表是反映企业在一定时期内的资产、负债和所有者权益的报表。(　　　)

5. 企业的财务会计报告分为年度、半年度、季度和月度财务会计报告。　　(　　　)

6. 资产负债表的"期末数"栏各项目主要是根据总账或有关明细账期末贷方余额直
接填列的。　　　　　　　　　　　　　　　　　　　　　　　　　　　　　　　(　　　)

7. 所有者权益变动表是反映企业在一定期间内所有者权益变动情况的会计报表,是
资产负债表的附表。　　　　　　　　　　　　　　　　　　　　　　　　　　　(　　　)

8. 编制报表过程中,填列资产负债表"期末余额"栏各个项目时,主要是根据有关账
户的期末余额记录填列。　　　　　　　　　　　　　　　　　　　　　　　　　(　　　)

## (三)业务核算题

1. 根据以下大华公司 2017 年 12 月 31 日部分账户余额(见表 9-1),计算并填补资产
负债表(见表 9-2)中括号内的数字。

表 9-1　大华公司 2017 年 12 月 31 日部分账户余额　　　　元

| 总分类账户 | 明细分类账户 | 借或贷 | 余额 |
|---|---|---|---|
| 原材料 | | 借 | 62 000 |
| 包装物 | | 借 | 3 200 |
| 生产成本 | | 借 | 6 000 |
| 库存商品 | | 借 | 25 000 |
| 应收账款 | | 借 | 2 000 |
| | ——甲公司 | 借 | 3 000 |
| | ——乙公司 | 贷 | 1 000 |
| 应付账款 | | 贷 | 3 200 |
| | ——丙公司 | 贷 | 4 700 |
| | ——丁公司 | 借 | 1 500 |
| 预付账款 | | 借 | 1 600 |
| | ——戊公司 | 借 | 1 600 |
| 坏账准备 | | 贷 | 200 |
| 利润分配 | | 贷 | 26 000 |
| | ——未分配利润 | 贷 | 26 000 |
| 应付利润 | | 贷 | 15 000 |
| 预收账款 | | 贷 | 1 300 |
| | ——丑公司 | 借 | 1 200 |
| | ——寅公司 | 贷 | 2 500 |

表 9-2　资产负债表

单位：大华公司　　　　　　2017 年 12 月 31 日　　　　　　　　　元

| 资产 | 期末数 | 负债及所有者权益 | 期末数 |
|---|---|---|---|
| 流动资产 | | 流动负债 | |
| 货币资金 | 2 900 | 短期借款 | 35 000 |
| 短期投资 | 24 000 | 应付账款 | （　　） |
| 应收账款 | （　　） | 预收账款 | （　　） |
| 减：坏账准备 | （　　） | 未付利润 | （　　） |
| 应收账款净额 | （　　） | 流动负债合计 | （　　） |
| 预付账款 | （　　） | 长期负债 | |
| 存货 | （　　） | 长期借款 | 25 000 |
| 流动资产合计 | （　　） | 长期负债合计 | 25 000 |
| 长期投资 | | 所有者权益 | |
| 长期投资 | 21 000 | 实收资本 | 124 000 |
| 固定资产 | | 资本公积 | 16 000 |
| 固定资产原值 | 160 000 | 盈余公积 | 4 000 |
| 减：累计折旧 | 58 000 | 未分配利润 | （　　） |
| 固定资产净值 | 102 000 | 所有者权益合计 | （　　） |

| 资产 | 期末数 | 负债及所有者权益 | 期末数 |
|---|---|---|---|
| 固定资产合计 | 102 000 | | |
| 资产合计 | （　　） | 负债及所有者权益合计 | （　　） |

2. 某企业 2018 年 1 月份对有关账户发生额进行分析,得到如下资料(金额:元)。

| | |
|---|---|
| 主营业务收入 | 18 000 |
| 主营业务成本 | 6 500 |
| 税金及附加 | 3 000 |
| 其他业务收入 | 2 800 |
| 其他业务支出 | 800 |
| 管理费用 | 3 200 |
| 投资收益 | 1 200 |
| 营业外收入 | 1 000 |
| 营业外支出 | 1 500 |
| 所得税费用 | 1 200 |

要求:根据上述资料编制 2018 年 1 月份的损益表。

表 9-3　损益表

2018 年 1 月份　　　　　　　　　　　　　　　　元

| 项　　目 | 本月数 | 本年累计数 |
|---|---|---|
| 一、主营业务收入 | | |
| | | |
| | | |
| 二、主营业务利润 | | |
| | | |
| | | |
| | | |
| 三、营业利润 | | |
| | | |
| 四、利润总额 | | |
| | | |
| 五、净利润 | | |

（四）简答题

1. 简述会计报表的编制要求。

2. 什么叫资产负债表？资产负债表能提供哪些信息？

3. 什么叫损益表？损益表能提供哪些信息？

# 第十章

# 基础会计实训案例

本案提供 10 个基础会计综合实训案例,供大家讨论练习,以提高会计处理能力。[①]

## 案 例 一

新兴公司创办于 2018 年 1 月 25 日,主要经营的业务是电脑的销售和维修,经过一周的经营,截至 1 月 31 日,该公司共发生了 10 笔经济业务,经入账后该公司的各账户余额如下(金额:元)。

| | | |
|---|---|---|
| (1) 库存现金 | | 2 000 |
| (2) 银行存款 | | 108 000 |
| (3) 存货 | | 60 000 |
| (4) 固定资产 | | 150 000 |
| (5) 预付账款 | | 60 000 |
| (6) 应付账款 | | 70 000 |
| (7) 短期借款 | | 60 000 |
| (8) 实收资本 | | 250 000 |

目前该公司尚未结算本月份的利润。试将 10 笔经济业务的内容以会计分录的形式列示出来。

要求:

各笔经济业务的会计分录要能够加以合理的解释,当这些经济业务对应的会计分录入账后,各账户的余额刚好与上面各账户展示的余额相等。

## 案 例 二

李冰是位大学毕业生,毕业后就业于一家代理公司,年薪 40 000 元。一年前他辞去了该公司的工作,自己创办了一家代理公司,主要经营货运代理。该代理公司一年经营

---

情况汇总如下。

　　(1) 收到货运代理收入 1 360 000 元；

　　(2) 支付雇员工资 500 000 元；

　　(3) 李冰个人借支 10 000 元；

　　(4) 支付税款 6 000 元；

　　(5) 支付房租 32 000 元；

　　(6) 支付水电费 8 000 元；

　　(7) 支付其他经营支出 30 000 元；

　　(8) 尚有货运代理收入 30 000 元没有收回；

　　(9) 尚有广告费 10 000 元没有支付；

　　(10) 尚有税款 12 000 元没有支付。

要求：

1. 试确定李冰的代理公司一年经营的利润和净利润各为多少。

2. 评述其辞职开公司是否更加有利可图，为什么？

# 案　例　三

　　海华运输公司在 3 月份编制会计报表前，编制了"试算平衡表"，其试算结果见表 10-1。

表 10-1　试算平衡表

2018 年 3 月 31 日　　　　　　　　　　　　　　　　元

| 账户名称 | 借方 | 贷方 |
|---|---|---|
| 库存现金 | 287 | |
| 银行存款 | 4 530 | |
| 应收账款 | 1 245 | |
| 存货 | 678 | |
| 固定资产 | 3 000 | |
| 应付账款 | | 1 228 |
| 实收资本 | | 8 000 |
| 营业收入 | | 2 772 |
| 营业费用 | 2 260 | |
| 合计 | 12 000 | 12 000 |

　　该公司会计主管复核有关记录以后，发现尚有六处错误没有发现。

要求：

　　请你假设六笔不同类型差错的经济业务的内容，而且必须保证全部经济业务假设的合理性和最终结果的正确性。

# 案　例　四

幸福公司的存货采用实地盘存制进行核算。2018 年 3 月 10 日，一场火灾烧毁了该公司的全部存货。为了向保险公司索赔，必须估计火灾烧毁存货的损失共多少。现在这项工作由你来从事。经过了解，公司最近一次的实地盘点是在 2017 年 12 月 31 日，去年公司年度利润表如表 10-2 所示。

**表 10-2　幸福公司利润表**

| 2017 年度 | | 元 |
|---|---|---|
| 销售收入 | | 533 000 |
| 减：销售成本： | | |
| 期初存货 | 115 000 | |
| 本期购货 | 382 000 | |
| 本期可供销售存货 | 497 000 | |
| 减：期末存货 | 122 000 | 375 000 |
| 销售毛利 | | 158 000 |
| 减：营业费用 | | 24 750 |
| 本期利润 | | 133 250 |

上述销售收入中不包括年底已赊销但客户尚未提货的商品一批，该批商品销售价格为 12 000 元，在当年盘点时未被列作存货；另外，利润表中本期购货金额中包括当年购入的供公司办公使用的微型电脑一台，价值 15 300 元，这台电脑也未包括在 2017 年 12 月 31 日的存货中。

公司 2018 年 1 月 1 日至 3 月 10 日商品购销情况记录显示：购入商品价值 124 000 元，销售商品收入 197 000 元（其中包括去年赊销的 12 000 元）。

要求：

试根据你了解到的结果，拟写一份请求保险公司赔偿的报告书，内容包括索赔的金额及理由。（提示：先计算 2017 年度的毛利率，然后根据该毛利率推算。）

# 案　例　五

海林公司是一家百货零售公司，2018 年该公司的年度利润和资产负债状况见表 10-3、表 10-4。

表 10-3    2018 年度利润表                                               元

| | | |
|---|---:|---:|
| 销售收入 | | 200 000 |
| 　减：销售成本 | 140 000 | |
| 　　销售费用 | 15 000 | |
| 　　销售税金 | 10 000 | 165 000 |
| 销售利润 | 35 000 | |
| 　减：管理费用 | | 25 000 |
| 　　财务费用 | | 5 000 |
| 利润总额 | 5 000 | |
| 　减：所得税费用 | | 1 650 |
| 净利润 | 3 350 | |

表 10-4    资产负债表
2018 年 12 月 31 日                                               元

| 资产 | | 权益 | |
|---|---:|---|---:|
| 库存现金 | 43 500 | 应付账款 | 75 000 |
| 银行存款 | 83 200 | 短期借款 | 30 000 |
| 应收账款 | 30 000 | 实收资本 | 180 000 |
| 库存商品 | 75 000 | 盈余公积 | 6 000 |
| 固定资产 | 60 000 | 未分配利润 | 700 |
| 合计 | 291 700 | 合计 | 291 700 |

现在经过审核，发现该公司有以下情况。

（1）目前公司销售收入的确定是以收到现金为标准，销售税金按销售收入的 5％计算并已交纳；

（2）公司前五个月曾采用现销及赊账方式共销售 100 000 元，其中 60％是以赊账方式售出。由于顾客拖延付款较严重，从 6 月份起取消赊销方式。已经发生的应收账款中至年底尚有 10 000 元，虽经再三催收，但未曾收现，可能收不回来，因此就不加反映。其余应收账款均已收到现金；

（3）公司曾在年底预收过一笔 5 000 元的销货款；

（4）公司曾在 3 月份向保险公司购进一年期的财产保险单 6 000 元，均列作当期费用。

要求：

根据有关资料，结合你的分析，对该公司这一年的经营成果作出正确的评价，并说明理由。

# 案　例　六

春晖公司是一家刚上市的股份公司，2017 年 12 月 31 日有关股东权益的账户余额如下(金额:元)。

| | |
|---|---|
| 普通股本 | 2 360 000 |
| 10%优先股 | 250 000 |
| 盈余公积 | 615 000 |
| 留存利润 | 466 200 |

经审核发现下列经济事项存在问题。

(1) 公司核准普通股 800 000 股,面值 1 元,以每股 2 元 5 角全部认购完毕。其中 600 000 股已发行在外,尚有 200 000 股已认未交股款。但是公司将此认购股款全数借记"应收账款"账户,贷记"普通股本"账户。

(2) 发行在外的 600 000 股普通股中,70%为现金发行,其余的股份用来交换一栋建筑物,该建筑物评估确认价为 455 000 元。目前公司已经将已发行的股票,按每股 2 元 5 角的发行价全部记入"普通股本"账户贷方,不再作其他处理。

(3) 公司接受海外侨胞捐赠设备一台,价值 355 000 元,公司贷记"普通股本"账户的贷方。

(4) 发行在外的 10%优先股 20 000 股,面值 10 元,发行价 12 元 5 角,发行价与面值之间的差额,贷记"盈余公积"账户。

要求:

1. 按错账更正的方法,更正上述错误的记录。

2. 列示更正后的有关股东权益账户的余额,并计算该公司股东权益总额。

3. 如果目前该公司普通股每股的市价为 10 元,公司的账上是否要作调整?为什么?

# 案 例 七

甘慧是一名大学生,她利用暑假期间进行勤工俭学,开办了一家暑期服务公司,主要经营少儿暑期寄托和相关商品的推销。公司从 7 月 1 日开业至 8 月 31 日歇业。在这期间,甘慧用自己的积蓄租一套房间,每月租金 400 元,先预付 500 元。同时她又向同学借来现金 2 000 元。该服务公司 7 月份发生下列业务。

(1) 支付广告费 100 元;

(2) 购入少儿读物 60 套,共支付现金 450 元;

(3) 购入儿童桌椅 30 套,共支付现金 1 000 元;

(4) 租用办公桌一张,月租金 50 元,预付 30 元,余款到 8 月 31 日租赁期满时与 8 月份租金一并付清;

(5) 聘请临时工一名,月薪 500 元;

(6) 支付各种杂费 50 元;

(7) 入托少儿的学杂费收入 5 000 元;

（8）甘慧 7 月份个人伙食支出 500 元；

（9）推销商品收入 1 500 元；

（10）支付水电费 200 元。

8 月份的业务除了与 7 月份相同的业务以外，增加了 300 元学杂费收入。8 月 31 日暑假结束后，甘慧把少儿读物全部送给了小朋友，并把桌椅出售得款 400 元。

要求：

请你帮甘慧计算确定一下她的经营是否成功，并简要介绍一下 7 月和 8 月月初和月末的现金变动情况。

# 案　例　八

海兴公司在 2018 年 10 月 31 日编制该企业的会计报表前，首先编制了试算平衡表，如表 10-5 所示。

表 10-5　试算平衡表　　　　　　　　　　　　　元

| | 调整前试算表 | | 调整后试算表 | |
|---|---|---|---|---|
| | 借方 | 贷方 | 借方 | 贷方 |
| 现金 | 687 | | 687 | |
| 银行存款 | 86 321 | | 86 321 | |
| 应收账款 | 46 073 | | 46 073 | |
| 应收收入 | 0 | | 1 200 | |
| 原材料 | 65 469 | | 65 469 | |
| 生产成本 | 67 330 | | 67 330 | |
| 制造费用 | 14 510 | | 24 510 | |
| 库存商品 | 79 680 | | 79 680 | |
| 长期待摊费用 | 4 800 | | 3 600 | |
| 固定资产 | 150 000 | | 150 000 | |
| 累计折旧 | | 85 000 | | 100 000 |
| 短期借款 | | 50 000 | | 50 000 |
| 应付账款 | | 30 000 | | 30 000 |
| 应交所得税 | | | | |
| 应交税费 | | | | 9 000 |
| 应付利息 | | 1 600 | | 3 000 |
| 预收收入 | | 5 000 | | 4 000 |
| 实收资本 | | 200 000 | | 200 000 |
| 盈余公积 | | 14 000 | | 14 000 |
| 销售收入 | | 150 000 | | 150 000 |
| 销售费用 | 14 000 | | 14 000 | |
| 销售税金 | | | 9 000 | |

续表

| | 调整前试算表 | | 调整后试算表 | |
|---|---|---|---|---|
| | 借方 | 贷方 | 借方 | 贷方 |
| 销售成本 | | | | |
| 其他业务收入 | | | | 2 200 |
| 管理费用 | 12 130 | | 19 730 | |
| 留存利润 | | 5 400 | | 5 400 |
| 合计 | 541 000 | 541 000 | 567 600 | 567 600 |

海兴公司月末没有在产品,本期产品均按其制造成本的 150% 出售;期末按实现利润的 25% 计算应交所得税。

要求:

1. 就上述试算表的资料,编制全部调整会计分录,并对每一笔调整会计分录的内容作出合理的假设。

2. 编制结账后的试算表。

3. 编制资产负债表、利润表。

# 案 例 九

霓裳服装公司是一家私营企业,主要经营各种服装的批发兼零售。公司创办于 2017 年 5 月 1 日,接受公司投资者 100 000 元的现金投资,并存入开户银行,用于日常经营。由于公司刚起步,会计工作没有跟上去,只是把原始凭证都收集保管起来,没有做任何其他记录。到月底,发现公司的银行存款不但没有增加反而减少,只剩下 58 987 元,外加 643 元现金。另外,尽管客户赊欠的货款 13 300 元尚未收到,但公司也有 10 560 元货款尚未支付。除此之外,经过实地盘点库存服装价值 25 800 元。所有保存的原始凭证经检查,分析汇总一个月的经济业务情况如下。

(1) 存入银行存款 100 000 元;

(2) 内部装修及设备花费 20 000 元,均已用支票支付;

(3) 购入服装两批,每批价值 35 200 元,其中第一批为现金购入,第二批购入时赊欠价款 30%;

(4) 1—31 日零售服装收入共计 38 800 元,全部收到现金,并存入银行;

(5) 1—31 日批发服装收入共计 25 870 元,其中赊销 13 300 元,其余的货款已存入银行;

(6) 用支票支付商店店面租金 2 000 元;

(7) 本月份从银行提取现金五次共计 10 000 元,其中 4 000 元支付雇员工资,5 000 元用于个人生活开支,其余的用于日常零星开支;

（8）本月水电费 543 元,用支票支付;

（9）本月电话费 220 元,用现金支付;

（10）其他各种杂费 137 元,用现金支付。

要求:

1. 根据你掌握的会计知识,结合该公司的具体业务,为该公司设计一套合理的账簿体系,并把这一个月的经济业务登记入账。

2. 计算该公司的利润、公司的总资产和负债及所有者权益分别为多少。

# 案 例 十

海悦公司是一家具有自主品牌的集设计、开发、生产、销售为一体的高端智能毛绒玩具制造企业,2018 年 12 月份发生以下经济业务。

（1）接受大华公司投入资金 30 000 元,存入银行;

（2）接受远飞公司投入专利权一项,评估价值 40 000 元;

（3）从银行取得临时借款 50 000 元存入银行;

（4）购入大型机器一台,价值 100 000 元,增值税率为 17%,运杂费 1 000 元,款项以银行存款支付;

（5）从贸利公司购入丙材料一批,买价 200 000 元,增值税率为 17%,支付运杂费 2 000 元,全部款项用转账支票付讫,材料尚未入库,采用实际成本法进行核算;

（6）上述材料运到并验收入库;

（7）以现金支付采购员卢婧借支旳差旅费 2 000 元;

（8）仓库发出材料 121 000 元,用于生产 A 产品 50 000 元,生产 B 产品 60 000 元,车间一般耗用 5 000 元,厂部耗用 6 000 元;

（9）收到大明公司上月所欠货款 250 000 元,存入银行;

（10）以银行存款交纳上月应交税费 6 000 元;

（11）以现金支票购买办公用品 3 000 元,其中厂部负担 2 000 元,车间负担 1 000 元;

（12）用银行存款支付明年报刊订购费 2 000 元;

（13）计提本月固定资产折旧 10 540 元,其中车间折旧费 7 540 元,管理部门折旧 3 000 元;

（14）分配本月职工工资 70 000 元,其中:A 产品生产工人工资 25 000 元,B 产品生产工人工资 27 000 元,车间管理人员工资 6 000 元,行政管理人员 8 000 元,销售人员工资 4 000 元;

（15）按工资总额的 14% 计提应付职工福利费;

（16）卢婧出差返回,报销差旅费 1 560 元,交回现金 440 元;

（17）用银行存款支付本月管理部门固定资产修理费 1 500 元;

（18）分摊应由本月负担的水电费，车间 2 500 元，管理部门 1 500 元；

（19）以银行存款支付本季度的短期借款利息 1 800 元，（10—11 月已预提 1 200 元）；

（20）分配并结转本月发生的制造费用（按 A、B 产品生产工人的工资分配）；

（21）本月投产的 A、B 产品，全部生产完工入库，结转完工产品成本；

（22）销售 A 产品 100 件，不含税单价 1 500 元，B 产品 150 件，不含税单价 2 000 元，增值税税率 17%，产品发出，并用现金代垫运杂费 800 元，款项尚未收到；

（23）以银行存款支付本月产品广告费 2 000 元；

（24）收到各种罚款收入 1 000 元，存入银行；

（25）以银行存款 15 000 元向山区贫困小学捐赠；

（26）结转本月已销产品的成本 320 000 元；

（27）销售原材料一批，不含税售价 4 000 元，增值税 680 元，款项收存银行，材料实际成本为 3 500 元；

（28）计提本月应交城市维护建设税 1 981 元，教育费附加 799 元；

（29）海悦公司所欠百源公司货款 6 000 元无法偿还，经批准予以转销；

（30）结转本月各收支账户，计算利润总额；

（31）按利润总额的 25% 计提本月应交所得税，并结转所得税；

（32）12 月初"本年利润"账户贷方余额 500 000 元，按全年净利润的 10% 计提法定盈余公积；

（33）海悦公司宣告本年应向投资者分派现金股利 250 000 元；

（34）进行年终结转，计算本年未分配利润。

要求：

根据上述资料编制海悦公司本月业务的会计分录，并计算本年未分配利润。

# 附录 各章实训习题参考答案

## 第一章 绪论

### (一) 单项选择题

1. C  2. D  3. B  4. B  5. A  6. D  7. B  8. C  9. C

### (二) 多项选择题

1. ABCD  2. BD  3. ABDE  4. BDE  5. ABC

### (三) 判断题

1. ×  2. √  3. ×  4. ×  5. ×  6. √  7. √  8. √  9. √  10. √

### (四) 简答题

1. 根据"管理活动论"的观点,会计的含义是怎样的?

答:这一观点将会计的本质理解为一种经济管理活动。认为会计是以货币为主要计量单位,对企事业、机关单位或其他经济组织的经济活动进行连续、系统、全面的反映和监督的一项经济管理活动,也是一项经济管理工作。

2. 会计的基本职能有哪些? 各有哪些特征?

答:会计的职能是指会计在经济管理中所具有的功能。会计的基本职能是反映与监督。

会计的反映职能是指会计能够按照会计准则的要求,采用一定的程序和方法,全面、系统、及时、准确地将一个会计主体所发生的会计事项表现出来,达到为经营管理提供经济信息的目的。其特征是以货币为主要计量单位,反映过去已经发生的经济活动,并具有连续性、系统性和全面性。

会计的监督职能是指会计按照一定的目的和要求,利用会计信息系统所提供的信息,对会计主体的经济活动进行控制。使之达到预期的目标。其特征是具有强制性、严肃性、连续性和完整性。

3. 简述会计目标的基本含义及内容。

答:会计的目标就是设置会计的目的与要求。具体而言,是对会计自身所提供经济信息的内容、种类、时间、方式及质量方面的要求。关于会计目标有两种学术观点:一是决策有用观,认为会计的目标就是向信息使用者提供对其进行决策有用的信息。二是受托责任观,认为资源的受托方承担如实向委托方报告受托责任的履行过程及其结果的义务。

4. 会计核算的方法包括哪些内容?

答:包括 7 个方面内容:(1)设置账户;(2)复式记账;(3)填制和审核凭证;(4)登记账簿;(5)成本计算;(6)财产清查;(7)编制财务会计报告。

# 第二章　会计要素与会计等式

**(一) 单项选择题**

1. B　2. D　3. D　4. B　5. C　6. A　7. D　8. B　9. D　10. C　11. A
12. C　13. A　14. A　15. A　16. B

**(二) 多项选择题**

1. ABD　2. ABD　3. CD　4. AB　5. ABD　6. BD　7. CD
8. ABCD　9. ACD

**(三) 判断题**

1. √　2. √　3. ×　4. √　5. √　6. ×　7. ×　8. √　9. ×　10. ×

**(四) 名词解释**

1. 会计要素:对会计对象进行的基本分类,是会计对象的具体化。

2. 收入:企业在日常活动中形成的,会导致所有者权益增加的、与所有者投入资本无关的经济利益的总流入。

3. 费用:指企业在日常活动中发生的、会导致所有者权益减少的、与向所有者分配利润无关的经济利益的总流出

4. 资产:指企业过去的交易或者事项形成的、由企业拥有或者控制的、预期会给企业带来经济利益的资源。

5. 所有者权益:指企业资产扣除负债后由所有者享有的剩余权。

6. 利润:指企业在一定会计期间的经营成果。

7. 负债:指企业过去的交易或者事项形成的预期会导致经济利益流出企业的现时义务。

8. 会计基本等式:资产与权益反映了同一经济资源的两个不同方面,即一方面是归会计主体所拥有或支配的各项资产,另一方面是经济资源提供者对资产的一系列要求的权益。资产表示企业拥有哪些经济资源,以及拥有多少。权益则表示资产的来源,即资产由谁提供,归谁所有。两者之间的这种数量关系可表达为:资产=权益

权益通常又分为两类:一是债权人对投入资产的要求权,称为债权人权益或企业负债;二是企业所有者对净资产(资产与负债的差额)的所有权,称为所有者权益。因此上式又可表示为:资产=负债+所有者权益,这就是"会计恒等式",它是设置账户、复式记账和编制资产负债表的理论依据。

### （五）业务核算题

1. 如表 X2-1 所示。

**表 X2-1　海大公司 7 月业务**　　　　　　　元

| 会计要素＼业务实例 | 资产 | 负债 | 所有者权益 |
|---|---|---|---|
| | 70 000 | 20 000 | 50 000 |
| （1） | 固定资产＋5 000<br>银行存款－5 000 | | |
| （2） | 原材料＋10 000 | | 实收资本＋10 000 |
| （3） | | 长期借款－5 000 | 实收资本＋5 000 |
| （4） | 银行存款－200<br>库存现金＋200 | | |
| （5） | 银行存款－1 000 | 应付账款－1 000 | |
| （6） | 银行存款－5 000 | 短期借款－5 000 | |
| （7） | 银行存款＋8 000<br>应收账款－8 000 | | |
| （8） | 银行存款＋10 000 | 短期借款＋10 000 | |
| （9） | 银行存款＋5 000<br>库存现金＋1 000<br>应收账款－6 000 | | |
| （10） | 银行存款－10 000 | 短期借款－8 000<br>应付账款－2 000 | |
| 期末 | 74 000 | 9 000 | 65 000 |

结论：经济业务发生不能打破会计等式，会计恒等式成立。

2. 如表 X2-2 所示。

**表 X2-2　大海公司 8 月业务**　　　　　　　元

| 项目 | 资产增加 | 资产减少 | 负债增加 | 负债减少 | 所有者权益增加 | 所有者权益减少 | 收入 | 费用 |
|---|---|---|---|---|---|---|---|---|
| 1 | 200 000 | | | | | | 200 000 | |
| 2 | 10 000 | | | | | | 10 000 | |
| 3 | 120 000 | 120 000 | | | | | | |
| 4 | | 50 000 | | 50 000 | | | | |
| 5 | | 120 000 | | | | | | 120 000 |
| 6 | | | 27 000 | | | | | 27 000 |

# 第三章　账户与复式记账

### （一）单项选择题

1. A　2. C　3. C　4. C　5. C　6. A　7. C　8. D　9. A　10. B
11. D　12. B　13. A　14. A　15. C　16. D　17. C　18. D　19. A　20. B

（二）判断题

1.　×　2.　√　3.　√　4.　×　5.　√　6.　×　7.　×　8.　×　9.　√　10.　×

（三）名词解释

1. 会计科目是指在会计要素分类的基础上,对其按照经济内容进行再分类而确定的详细项目。

2. 账户是根据会计科目设置的,具有一定格式和结构,用于连续、系统、全面地记录会计交易或事项,分类反映会计要素各具体项目金额增减变动情况及其结果的一种工具。

3. 复式记账法是指对每一笔会计交易或事项都要以相等的金额,同时在两个或两个以上相互联系的账户中进行登记的记账方法。

4. 借贷记账法,是以"借"和"贷"作为记账符号,以"有借必有贷,借贷必相等"为记账规则,反映会计交易或事项引起各会计要素增减变动及结果情况的一种复式记账方法。

5. 会计分录是运用复式记账法,对发生的每一笔会计交易或事项在计入账户之前标明其应借、应贷账户的名称及其金额的一种会计记录。

（四）简答题

1. 会计要素仅仅是对会计交易或事项所作的最基本分类,而这个层次的分类是不够的,这是因为每个要素同时包含许多具体项目。当交易和事项发生后,只有结合这些具体项目进行确认,才能提供更为详尽的信息,因此需要会计科目将会计要素进一步分类并细化。

2. 经济业务对会计要素的影响不会改变会计等式的平衡关系。每项会计交易或事项发生后,交易或事项必然会产生两方面的变化。两方面的变化可能会影响会计等式中的两个要素,也可能只影响一个要素中的两个项目。无论如何,会计等式的恒等关系保持不变。

3. 试算平衡分为两种:一种是发生额平衡法,另一种是余额平衡法。发生额平衡法是根据本期所有账户借方发生额合计与贷方发生额合计的恒等关系,检验本期发生额记录是否正确。余额平衡法是根据本期所有账户借方余额合计与贷方余额合计的恒等关系,检验本期账户记录是否正确。

（五）业务核算题

1.（1）借:银行存款　　　　　　　　　　　　　　　　　50 000

　　　　贷:应收账款　　　　　　　　　　　　　　　　　　50 000

（2）借:原材料　　　　　　　　　　　　　　　　　　40 000

　　　　贷:应付账款　　　　　　　　　　　　　　　　　　40 000

（3）借:应付账款　　　　　　　　　　　　　　　　　20 000

　　　　贷:银行存款　　　　　　　　　　　　　　　　　　20 000

（4）借：应付账款　　　　　　　　　　　　　　10 000
　　　　贷：应付票据　　　　　　　　　　　　　　　　10 000
（5）借：银行存款　　　　　　　　　　　　　　40 000
　　　　贷：实收资本　　　　　　　　　　　　　　　　40 000
（6）借：原材料　　　　　　　　　　　　　　　10 000
　　　　贷：应付票据　　　　　　　　　　　　　　　　10 000

2. 可能发生的业务如下。

（1）收到投资人投资

（2）购买原材料 85 000 元，材料尚未入库，以银行存款支付 80 000 元，剩余金额未付

（3）企业从银行借款 100 000 元

（4）以现金支付招待费/水电费/业务费 2 800 000 元

（5）张某预借费用 2 000 元

（6）车间生产领用原材料 3 000 元，车间管理领用原材料 1 000 元

（7）从银行取出现金 580 000 元

（8）张某报销费用 1 580 元，并归还剩余现金

（9）使用现金支付职工工资 580 000 元

（10）采购的原材料已验收入库

3. （1）银行存款 170 000 元（2）原材料 43 000 元（3）固定资产 130 000 元（4）短期借款 670 000 元（5）应付账款 100 000 元（6）管理费用 35 000 元（7）销售费用 94 000 元

4. （1）借：银行存款　　　　　　　　　　　　　28 000
　　　　贷：应收账款　　　　　　　　　　　　　　　　28 000
（2）借：银行存款　　　　　　　　　　　　　　68 000
　　　　贷：短期借款　　　　　　　　　　　　　　　　68 000
（3）借：银行存款　　　　　　　　　　　　　　74 000
　　　　贷：实收资本　　　　　　　　　　　　　　　　74 000
（4）借：应付账款　　　　　　　　　　　　　　49 000
　　　　贷：银行存款　　　　　　　　　　　　　　　　49 000
（5）借：固定资产　　　　　　　　　　　　　　37 600
　　　　贷：银行存款　　　　　　　　　　　　　　　　37 600
（6）借：银行存款　　　　　　　　　　　　　　42 000
　　　　　　应收账款　　　　　　　　　　　　　40 000
　　　　贷：主营业务收入　　　　　　　　　　　　　　82 000
（7）借：应付职工薪酬　　　　　　　　　　　　20 000
　　　　贷：库存现金　　　　　　　　　　　　　　　　20 000

# 第四章　会计业务基本流程与会计凭证

## （一）单项选择题

1. D　2. D　3. C　4. D　5. D　6. A　7. A　8. C　9. B　10. D

## （二）判断题

1. ×　2. ×　3. √　4. ×　5. √　6. √　7. ×　8. ×

## （三）名词解释

1. 会计凭证，是指用以记载会计交易或事项的发生和完成情况，明确经济责任并据以登记账簿的书面证明。

2. 原始凭证，是指在会计交易或事项发生时或完成后，所取得或填制的、用以记录或证明其发生或完成情况，明确经办人员的责任并具有法律效力、作为记账原始依据的一种书面凭据。

3. 记账凭证，是指会计人员根据审核无误的原始凭证，按照设置的账户运用复式记账法编制的，用以确定会计分录并作为登记分类账账户的直接依据。

## （四）简答题

1. 记账凭证登记的依据是审核无误的原始凭证，按照经济业务的内容进行确定会计分录，且记账凭证与原始凭证共同反映经济业务的真实内容。

2. 记账凭证的审核时保证账簿记录真实、准确的前提和基础。审核的内容主要包括：(1)附件是否齐全，记账凭证是否附有原始凭证，记账凭证与所附原始凭证在经济内容和金额上是否一致；(2)会计分录是否正确，包括应借、应贷的账户名称和金额是否正确，账户对应关系是否清楚，核算内容是否符合会计制度准则规定；(3)记账凭证中的有关项目，是否填列齐全，有关人员是否都已签名盖章。

3. 记账凭证按照使用范围分为：专用记账凭证和通用记账凭证，专用记账凭证用于专门记录某一类交易或事项，通用记账凭证可以记录各类会计交易或事项。按照包括的会计科目是否单一分为：复式记账凭证和单式记账凭证，复式记账凭证用于记录一项交易或事项涉及的会计科目集中填列在一张记账凭证上，单式记账凭证用于每张记账凭证只填列一个会计科目的记账凭证。

4. 会计凭证是登记会计账簿的依据，通过会计账簿积累各种会计核算资料，为计算经营成果和编制财务会计报告提供依据。

## （五）业务核算题

1. (1) 借：库存现金　　　　　　　　　　　　　　　　　5 000

　　　　贷：银行存款　　　　　　　　　　　　　　　　　　5 000

编制银行存款付款凭证。

（2）借：银行存款         5 000

   贷：短期借款         5 000

编制银行存款收款凭证。

（3）借：原材料         5 000

   贷：应付账款         5 000

编制转账凭证。

2.（1）借：银行存款       500 000

    贷：短期借款       500 000

（2）借：其他应收款——刘红    2 000

    贷：库存现金       2 000

（3）借：生产成本       20 000

    贷：原材料        20 000

（4）借：管理费用        500

    贷：库存现金        500

（5）借：原材料        18 000

    贷：银行存款       18 000

（6）借：银行存款       20 000

    贷：主营业务收入     20 000

（7）借：应付账款       10 000

    贷：银行存款       10 000

（8）借：应收账款       15 000

    贷：主营业务收入     15 000

（9）借：固定资产       100 000

    贷：银行存款       100 000

3.（1）借：其他应收款——刘华    600

    贷：库存现金        600

（2）借：管理费用        700

    贷：其他应收款——刘华    600

     库存现金        100

（3）借：应付账款        8 000

    贷：银行存款        8 000

（4）借：银行存款       60 000

    贷：短期借款       60 000

（5）借：管理费用        5 000

    贷：银行存款        5 000

（6）借：银行存款 10 000

　　贷：应收账款 10 000

# 第五章　企业主要经济业务的核算

## 第一节　资金筹集业务的核算

**（一）单项选择题**

1. B　2. A　3. C　4. C　5. C　6. A　7. B　8. A　9. A　10. C
11. C　12. D　13. B　14. A　15. B　16. D　17. B　18. D　19. C

**（二）多项选择题**

1. BD　2. ABCD　3. ABC　4. ABCD　5. ABD　6. ADE　7. AB　8. BD
9. ACD　10. ABCD　11. BC　12. ABCE　13. BC　14. ACD　15. AC
16. ABCDE　17. ABE

**（三）判断题**

1. √　2. ×　3. √　4. ×　5. ×　6. √　7. √　8. √　9. √　10. √
11. ×　12. ×　13. ×

**（四）业务核算题**

1.（1）A公司以厂房进行投资

借：固定资产 3 000 000

　贷：实收资本 3 000 000

（2）B公司以设备和专利权投资

借：固定资产 2 000 000

　　无形资产 1 000 000

　贷：实收资本 3 000 000

（3）C公司以现金进行投资

借：银行存款 3 000 000

　贷：实收资本 3 000 000

（4）20×8年吸收D公司投资

借：银行存款 5 000 000

　贷：实收资本 3 000 000

　　资本公积 2 000 000

2.（1）20×8年1月1日取得长期借款

借：银行存款 2 700 000

　贷：长期借款 2 700 000

（2）20×8 年 1 月 30 日购买不需要安装的生产设备

借：固定资产 2 000 000

应交税费——应交增值税（进项税额） 340 000

贷：银行存款 2 340 000

（3）20×8 年 12 月 31 日支付长期借款利息

借：财务费用 189 000

贷：银行存款 189 000

3. （1）20×7 年 1 月 1 日,取得借款时

借：银行存款 1 500 000

贷：长期借款 1 500 000

（2）20×7 年 12 月 31 日,计算 20×7 年应计入工程成本的利息费用时

借款利息＝1 500 000×9％＝135 000（元）

借：在建工程 135 000

贷：应付利息 135 000

（3）20×7 年 12 月 31 日,支付借款利息时

借：应付利息 135 000

贷：银行存款 135 000

（4）20×8 年 8 月 31 日,工程达到预定可使用状态时

该期应计入工程成本的利息＝（1 500 000×9％÷12）×8＝90 000（元）

借：在建工程 90 000

贷：应付利息 90 000

（5）20×7 年初,支付工程价款时

借：在建工程 9 000 000

贷：银行存款 9 000 000

（6）20×8 年初,支付工程费用时

借：在建工程 600 000

贷：银行存款 600 000

4. （1）1 月 8 日取得短期借款

借：银行存款 100 000

贷：短期借款 100 000

（2）1 月 8 日支付短期借款手续费

借：财务费用 1 000

贷：银行存款 1 000

（3）1 月 31 日支付短期借款利息

利息费用＝100 000×6％÷12＝500

借：财务费用                500

  贷：银行存款             500

（4）3 月 8 日取得长期借款

借：银行存款             5 000 000

  贷：长期借款          5 000 000

## 第二节　供应过程业务核算

**（一）单项选择题**

1．A　2．B　3．C　4．C　5．B　6．A　7．C　8．C　9．A　10．A　11．B
12．B　13．D

**（二）多项选择题**

1．AB　2．ABC　3．ABCD　4．ABD　5．ABCD　6．ABC　7．ABCD　8．AB
9．ACD　10．CD　11．ABD　12．AB　13．ABC　14．ABD　15．ABCD

**（三）判断题**

1．×　2．×　3．√　4．×　5．×　6．√　7．×　8．√　9．√　10．√
11．√　12．√　13．√　14．×

**（四）业务核算题**

1．借：固定资产           1 200 000

   应交税费——应交增值税（进项税额）  204 000

    贷：应付账款        1 404 000

2．（1）购买设备

借：在建工程           485 000

  应交税费——应交增值税（进项税额）  81 600

  贷：银行存款        566 000

（2）安装设备

借：在建工程           34 800

  贷：原材料          12 000

    应付职工薪酬       22 800

（3）设备安装完毕交付使用

借：固定资产           600 800

  贷：在建工程         600 800

3．（1）借：在途物资——甲材料     120 000

       ——乙材料     38 000

    应交税费——应交增值税（进项税额）   26 860

    贷：银行存款          184 860

  （2）甲材料应负担的外地运杂费＝7 000×[5 000/（5 000＋2 000）]＝5 000（元）

      乙材料应负担的外地运杂费＝7 000×[2 000/（5 000＋2 000）]＝2 000（元）

  借：在途物资——甲材料       5 000

     ——乙材料       2 000

   贷：银行存款         7 000

  （3）借：在途物资——丙材料     220 000

     应交税费——应交增值税（进项税额） 36 720

      贷：应付账款——红星工厂   256 720

  （4）3月6日

  借：预付账款——胜利工厂     180 000

   贷：银行存款         180 000

  3月10日

  借：在途物资——丙材料      425 000

   应交税费——应交增值税（进项税额）  71 400

    贷：预付账款——胜利工厂    180 000

     银行存款        311 400

     库存现金        5 000

  （5）甲材料实际采购成本＝120 000＋5 000＝125 000

    乙材料实际采购成本＝38 000＋2 000＝40 000

    丙材料实际采购成本＝216 000＋4 000＋420 000＋5 000＝645 000

  借：原材料——甲材料       125 000

     ——乙材料       40 000

     ——丙材料       645 000

   贷：在途物资——甲材料     125 000

      ——乙材料     40 000

      ——丙材料     645 000

  4.（1）借：材料采购——甲材料    781 000

      应交税费——应交增增值税（进项税额） 132 600

       贷：应付票据       913 600

  （2）借：原材料——甲材料     720 000

     材料成本差异       61 000

      贷：材料采购——甲材料    781 000

  （3）借：材料采购——乙      85 000

|  | 应交税费——应交增值税（进项税额） | 14 450 |

```
        应交税费——应交增值税(进项税额)        14 450
            贷：银行存款                           99 450
    借：原材料——乙材料                 90 000
        贷：材料采购——乙材料                    85 000
            材料成本差异                          5 000
(4) 借：材料采购——乙材料            168 600
        应交税费——应交增值税(进项税额)   28 560
        贷：银行存款                            197 160
(5) 发出材料：
    借：生产成本——A产品               430 000
            ——B产品                  360 000
        制造费用                        7 000
        管理费用                        2 000
        销售费用                        1 000
        贷：原材料                              800 000
结转差异：
    借：生产成本——A产品                 4 300
            ——B产品                    3 600
        制造费用                          70
        管理费用                          20
        销售费用                          10
        贷：材料成本差异                         8 000
```

5.（1）本月材料成本差异率为

$$\frac{(122\,320-120\,000)+(480\,320-500\,000)}{120\,000+500\,000}\times100\%=-2.8\%$$

（2）发出材料应负担的差异额为

$$300\,000\times(-2.8\%)=-8\,400(元)$$

（3）本月发出材料的实际成本为

$$300\,000-8\,400=291\,600(元)$$

（4）月末结存材料的计划成本为

$$120\,000+500\,000-300\,000=320\,000(元)$$

（5）月末结存材料的实际成本为

$$320\,000+320\,000\times(-2.8\%)=311\,040(元)$$

6.（1）甲材料本月材料成本差异率=（月初库存材料成本差异+本月入库材料成本差异）/（月初库存材料计划成本+本月入库材料计划成本）×100%

$$=[(-620)+(67\,890-70\,300)]/(30\,700+70\,300)\times100\%$$
$$=-3\%$$

（2）本月发出甲材料应负担的材料成本差异额＝50 000×（－3％）＝－1 500（元）

（3）月末甲材料成本差异额＝（－620）＋（－2 410）－（－1 500）＝－1 530（元）

（4）期末结存甲材料的实际成本＝（30 700＋70 300－50 000）＋（－1 530）＝49 470（元）

## 第三节　生产过程业务核算

**（一）单项选择题**

1. C　2. C　3. A　4. B　5. D　6. A　7. C　8. A　9. C　10. B
11. D　12. C　13. C　14. B　15. C　16. D　17. B

**（二）多项选择题**

1. ABC　2. ACD　3. ABD　4. AC　5. ABCD　6. ABD　7. ABCD
8. BCD　9. BCD　10. ABC　11. ABD　12. ABD　13. ABD　14. ABCD

**（三）判断题**

1. √　2. ×　3. ×　4. ×　5. √　6. ×　7. ×　8. √　9. √　10. √
11. ×　12. ×　13. ×

**（四）业务核算题**

1.（1）本月购入材料总额＝（期末结存材料－期初结存材料）＋本期发出材料

　　　　　＝（206 500－278 500）＋132 000＝60 000（元）

（2）本月发生的应付购货款＝（期末的应付款－期初的应付款）＋本期偿还的应付款

　　　　　＝（243 000－218 000）＋0

　　　　　＝25 000（元）

（3）本月已付款的材料＝本月购入材料总额－本月发生的应付购货款

　　　　　＝60 000－25 000

　　　　　＝35 000（元）

2.（1）借：生产成本——A产品　　　　　　　　　　20 000

　　　　　　　——B产品　　　　　　　　　　10 000

　　　　制造费用　　　　　　　　　　　　　2 000

　　　　管理费用　　　　　　　　　　　　　　300

　　　贷：原材料——甲材料　　　　　　　　　　　　　32 300

（2）借：生产成本——A产品　　　　　　　　　　25 000

　　　　　　　——B产品　　　　　　　　　　 7 000

　　　　制造费用　　　　　　　　　　　　　3 000

　　　　管理费用　　　　　　　　　　　　　4 000

| | |
|---|---|
| 贷：应付职工薪酬——工资 | 39 000 |
| （3）借：生产成本——A产品 | 3 000 |
| ——B产品 | 2 000 |
| 制造费用 | 600 |
| 管理费用 | 250 |
| 贷：应付职工薪酬——职工福利 | 5 850 |
| （4）借：库存现金 | 42 000 |
| 贷：银行存款 | 42 000 |
| （5）借：制造费用 | 9 300 |
| 管理费用 | 3 000 |
| 贷：累计折旧 | 12 300 |

（6）制造费用＝2 000＋3 000＋600＋9 300＝14 900(元)

制造费用分配率＝14 900/(300＋200)＝29.8(元/件)

| | |
|---|---|
| 借：生产成本——A产品 | 8 940 |
| ——B产品 | 5 960 |
| 贷：制造费用 | 14 900 |
| （7）借：库存商品——A产品 | 56 940 |
| ——B产品 | 24 960 |
| 贷：生产成本——A产品 | 56 940 |
| ——B产品 | 24 960 |

3.（1）会计分录如下。

| | |
|---|---|
| 1）借：生产成本——A产品 | 3 225 |
| ——B产品 | 2 580 |
| 贷：原材料——甲材料 | 2 835 |
| ——乙材料 | 2 970 |
| 2）借：生产成本——A产品 | 5 000 |
| ——B产品 | 4 000 |
| 制造费用 | 2 000 |
| 管理费用 | 3 000 |
| 贷：应付职工薪酬 | 14 000 |
| 3）借：生产成本——A产品 | 700 |
| ——B产品 | 560 |
| 制造费用 | 280 |
| 管理费用 | 420 |
| 贷：应付职工薪酬 | 1 960 |

4）借：制造费用        600

   管理费用        300

    贷：累计折旧        900

5）借：制造费用        220

    贷：库存现金        220

6）借：制造费用        400

    贷：库存现金        400

7）借：制造费用        237

   库存现金        63

    贷：其他应收款        300

8）   制造费用＝2 000＋280＋600＋220＋400＋237＝3 737（元）

      制造费用分配率＝3 737/9 000＝0.415

     A 产品应承担的制造费用＝5 000×0.415＝2 075（元）

     B 产品应承担的制造费用＝3 737－2 075＝1 662（元）

借：生产成本——A 产品      2 075

    ——B 产品      1 662

  贷：制造费用        3 737

9）借：库存商品——A 产品     11 000

     ——B 产品     8 802

  贷：生产成本——A 产品     11 000

     ——B 产品     8 802

（2）如表 X5-1 所示。

表 X5-1　登记明细分类账户表

| 生产成本（总） | |
|---|---|
| 借 | 贷 |
| (1) 5 805 | (9) 19 802 |
| (2) 9 000 | |
| (3) 1 260 | |
| (8) 3 737 | |
| 本期发生额 19 802 | 本期发生额 19 802 |

| 生产成本——A 产品 | |
|---|---|
| 借 | 贷 |
| (1) 3 225 | (9) 11 000 |
| (2) 5 000 | |
| (3) 700 | |
| (8) 2 075 | |
| 本期发生额 11 000 | 本期发生额 11 000 |

续表

生产成本——B产品

| 借 | 贷 |
|---|---|
| (1) 2 580 | (9) 8 802 |
| (2) 4 000 | |
| (3) 560 | |
| (8) 1 662 | |
| 本期发生额 8 802 | 本期发生额 8 802 |

制造费用

| 借 | 贷 |
|---|---|
| (2) 2 000 | (8) 3 737 |
| (3) 280 | |
| (4) 600 | |
| (5) 220 | |
| (6) 400 | |
| (7) 237 | |
| 本期发生额 3 737 | 本期发生额 3 737 |

(3) 产品生产成本计算表如表 X5-2 所示。

表 X5-2　产品生产成本计算表

元

| 成本项目 | A产品 | | B产品 | |
|---|---|---|---|---|
| | 总成本/100 件 | 单位成本 | 总成本/80 件 | 单位成本 |
| 直接材料 | 3 225 | 32.25 | 2 580 | 32.25 |
| 直接人工 | 5 700 | 57.00 | 4 560 | 57.00 |
| 制造费用 | 2 075 | 20.75 | 1 662 | 20.78 |
| 产品生产成本 | 11 000 | 110.00 | 8 802 | 110.03 |

4. (1) 分配本月发生的制造费用

制造费用分配率=152 650/(140 000+37 500)=0.86

A 产品应负担的制造费用=0.86×140 000=120 400(元)

B 产品应负担的制造费用=0.86×37 500=32250(元)

结转本月发生的制造费用,会计分录如下。

借:生产成本——A 产品　　　　　　　　　　　　120 400

　　　　　——B 产品　　　　　　　　　　　　　32 250

　贷:制造费用　　　　　　　　　　　　　　　　　　　　152 650

(2) 计算本月完工产品成本

A 产品月末在产品成本=(180+65+52.5)×500=148 750(元)

A 产品完工总成本=129 800+(442 500+140 000+120 400)−148 750=683 950(元)

B 产品完工总成本=76 530+(201 000+37 500+32 250)=347 280(元)

结转本月完工产品成本,会计分录如下。

借:库存商品——A产品　　　　　　　　　　683 950
　　　　　　——B产品　　　　　　　　　　347 280
　贷:生产成本——A产品　　　　　　　　　　　　683 950
　　　　　　——B产品　　　　　　　　　　　　347 280

## 第四节　销售过程业务的核算

**(一)单项选择题**

1. A　2. B　3. D　4. C　5. D　6. B　7. A　8. D　9. D　10. A
11. C　12. A　13. D　14. C　15. C

**(二)多项选择题**

1. ABCDE　2. BCD　3. BD　4. AB　5. ABD　6. ACD　7. ABC
8. AC　9. AB　10. ABC　11. ABC　12. CD　13. BD　14. ABC　15. ACD

**(三)判断题**

1. ×　2. √　3. √　4. √　5. ×　6. √　7. ×　8. ×　9. √　10. ×
11. √

**(四)业务核算题**

1.(1)借:银行存款　　　　　　　　　　　　400 000
　　　　应收账款　　　　　　　　　　　　91 400
　　　贷:主营业务收入　　　　　　　　　　　　420 000
　　　　　应交税费——应交增值税(销项税额)　　71 400
　(2)借:银行存款　　　　　　　　　　　　10 000
　　　贷:应收账款　　　　　　　　　　　　　　10 000
　(3)借:应收账款　　　　　　　　　　　　58 500
　　　贷:主营业务收入　　　　　　　　　　　　50 000
　　　　　应交税费——应交增值税(销项税额)　　8 500
　(4)借:银行存款　　　　　　　　　　　　300 000
　　　贷:预收账款　　　　　　　　　　　　　　300 000
2.(1)借:银行存款　　　　　　　　　　　　9 945
　　　贷:主营业务收入　　　　　　　　　　　　8 500
　　　　　应交税费——应交增值税(销项税额)　　1 445
　(2)借:银行存款　　　　　　　　　　　　6 000
　　　贷:预收账款——滕华公司　　　　　　　　6 000
　(3)借:销售费用　　　　　　　　　　　　10 000

|  | 贷：银行存款 | 10 000 |
| --- | --- | --- |

（4）借：应收账款　　　　　　　　　　　　　　　　　1 000

　　　贷：银行存款　　　　　　　　　　　　　　　　1 000

（5）借：应收账款　　　　　　　　　　　　　　　　　23 400

　　　贷：主营业务收入　　　　　　　　　　　　　　20 000

　　　　　应交税费——应交增值税（销项税额）　　　3 400

（6）借：主营业务成本　　　　　　　　　　　　　　　4 400

　　　贷：库存商品——甲商品　　　　　　　　　　　2 000

　　　　　　　　　　——乙商品　　　　　　　　　　2 400

3.（1）借：银行存款　　　　　　　　　　　　　　　　93 600

　　　　贷：主营业务收入　　　　　　　　　　　　　80 000

　　　　　　应交税费——应交增值税（销项税额）　　13 600

（2）借：银行存款　　　　　　　　　　　　　　　　　8 000

　　　贷：应收账款　　　　　　　　　　　　　　　　8 000

（3）借：应收账款　　　　　　　　　　　　　　　　　351 000

　　　贷：主营业务收入　　　　　　　　　　　　　　300 000

　　　　　应交税费——应交增值税（销项税额）　　　51 000

（4）借：应收票据　　　　　　　　　　　　　　　　　70 200

　　　贷：主营业务收入　　　　　　　　　　　　　　70 000

　　　　　应交税费——应交增值税（销项税额）　　　10 200

（5）借：银行存款　　　　　　　　　　　　　　　　　200 000

　　　贷：其他业务收入　　　　　　　　　　　　　　200 000

（6）借：税金及附加　　　　　　　　　　　　　　　　24 000

　　　贷：应交税费——应交城市维护建设税　　　　　20 000

　　　　　　　　　　——应交教育费附加　　　　　　4 000

（7）借：主营业务成本　　　　　　　　　　　　　　　260 000

　　　贷：库存商品——A 商品　　　　　　　　　　　40 000

　　　　　　　　　　——B 商品　　　　　　　　　　180 000

　　　　　　　　　　——C 商品　　　　　　　　　　40 000

4.（1）4 月 1 日发出自行车

借：应收账款　　　　　　　　　　　　　　　　　　　2 340 000

　贷：主营业务收入　　　　　　　　　　　　　　　　2 000 000

　　　应交税费——应交增值税（销项税额）　　　　　340 000

借：主营业务成本　　　　　　　　　　　　　　　　　1 200 000

　贷：库存商品　　　　　　　　　　　　　　　　　　1 200 000

（2）5 月 1 日之前收到货款

借：银行存款　　　　　　　　　　　　　　　　　2 340 000

　　贷：应收账款　　　　　　　　　　　　　　　　　　　2 340 000

（3）退货期满,发生退货 2 000 件

借：主营业务收入　　　　　　　　　　　　　　　100 000

　　应交税费——应交增值税（销项税额）　　　　17 000

　　贷：银行存款　　　　　　　　　　　　　　　　　　　117 000

借：库存商品　　　　　　　　　　　　　　　　　60 000

　　贷：主营业务成本　　　　　　　　　　　　　　　　　60 000

## 第五节　财务成果形成与分配业务的核算

**（一）单项选择题**

1. B　2. A　3. D　4. C　5. D　6. B　7. C　8. A　9. D　10. A

11. D　12. B　13. B　14. A　15. B　16. D　17. B　18. C　19. D　20. A

**（二）多项选择题**

1. ABDE　2. ABCDE　3. ABCD　4. ABCDE　5. ABE　6. ACD　7. ABD

8. ABC　9. BCD　10. BDE　11. ABCDE　12. ABCE　13. ABC　14. ABDE

15. BDE　16. ACDE　17. ABE　18. ADE　19. CDE

**（三）判断题**

1. √　2. ×　3. √　4. ×　5. ×　6. ×　7. ×　8. ×　9. ×　10. ×

11. ×　12. ×　13. ×　14. ×　15. ×　16. √　17. √　18. ×　19. ×

20. √

**（四）业务核算题**

1. 企业的所有者权益包括实收资本、资本公积、盈余公积和未分配利润。根据题意可知：

（1）12 月份应交所得税＝全年累计应交所得税－前 11 个月已交所得税

　　　　　　　　　　＝全年累计利润总额×所得税税率－前 11 个月已交所得税

　　　　　　　　　　＝1 000 000 × 25%－214 000

　　　　　　　　　　＝36 000（元）

（2）年末未分配利润＝净利润－提取的盈余公积－分配给投资者的利润

　　　　　　　　　　＝750 000－750 000×10%－132 400

　　　　　　　　　　＝542 600（元）

（3）年末所有者权益总额＝2 640 000＋300 000＋75 000＋542 600

　　　　　　　　　　　　＝3 557 600（元）

2. 由于"期末余额＝期初余额＋本期增加发生额－本期减少发生额",本题可做如下计算:

(1) 公司年末未分配利润＝120 000＋(－400 000)＋80 000

$$＝－200 000(元)$$

公司年初所有者权益总额＝1 600 000＋160 000＋120 000＋120 000

$$＝2 000 000(元)$$

公司年末所有者权益总额＝1 600 000＋160 000＋(120 000－80 000)＋(－200 000)

$$＝1 600 000(元)$$

公司年末负债总额＝资产总额－所有者权益总额

$$＝3 960 000－1 600 000$$

$$＝2 360 000(元)$$

(2) 说明:根据以上的计算并结合题意可以看出,公司的负债由年初的 2 000 000 元变化为年末的 2 360 000 元,增加了 360 000 元;公司的资产由年初的 4 000 000 元(2 000 000＋2 000 000)变化为年末的 3 960 000 元,减少了 40 000 元。资产和负债的变化都是由于公司发生亏损的原因造成的,即由于发生亏损 400 000 元,使得公司的资产减少 40 000 元,负债增加 360 000 元。

3. (1) 本期所得税费用＝960×25%＝240(万元)

| | | |
|---|---|---|
| 借:所得税费用 | | 2 400 000 |
| 贷:应交税费——应交所得税 | | 2 400 000 |

(2) 税后利润＝960－240＝720(万元)

| | | |
|---|---|---|
| 借:利润分配——提取法定盈余公积 | | 720 000 |
| ——提取任意盈余公积 | | 400 000 |
| 贷:盈余公积——法定盈余公积 | | 720 000 |
| ——任意盈余 | | 400 000 |
| 借:利润分配——应付现金股利 | | 400 000 |
| 贷:应付股利 | | 400 000 |

(3) 年末未分配利润＝200＋(960－240)－72－40－40＝768(万元)

4. (1) 编制 12 月份经济业务会计分录

| | | |
|---|---|---|
| 1) 借:银行存款 | | 58 500 |
| 贷:主营业务收入 | | 50 000 |
| 应交税费——应交增值税(销项税额) | | 8 500 |
| 2) 借:主营业务成本 | | 32 000 |
| 贷:库存商品 | | 32 000 |
| 3) 借:税金及附加 | | 5 000 |
| 贷:应交税费——应交消费税 | | 5 000 |

4）借：销售费用　　　　　　　　　　　　　　　500

　　　贷：库存现金　　　　　　　　　　　　　　　　　500

5）借：管理费用　　　　　　　　　　　　　　　300

　　　贷：银行存款　　　　　　　　　　　　　　　　　300

6）借：财务费用　　　　　　　　　　　　　　　700

　　　贷：银行存款　　　　　　　　　　　　　　　　　700

7）借：营业外支出　　　　　　　　　　　　　　500

　　　贷：银行存款　　　　　　　　　　　　　　　　　500

8）借：其他应付款——包装物押金　　　　　　　300

　　　贷：营业外收入　　　　　　　　　　　　　　　　300

（2）计算 12 月末有关损益类账户总分类账的累计余额

主营业务收入：贷方累计余额＝500 000＋50 000＝550 000(元)

主营业务成本：借方累计余额＝375 000＋32 000＝407 000(元)

税金及附加：借方累计余额＝30 000＋5 000＝35 000(元)

销售费用：借方累计余额＝25 000＋500＝25 500(元)

其他业务收入：贷方累计余额＝6 000(元)

其他业务成本：借方累计余额＝3 500(元)

管理费用：借方累计余额＝3 000＋300＝3 300(元)

财务费用：借方累计余额＝2 000＋700＝2 700(元)

营业外收入：贷方累计余额＝4 000＋300＝4 300(元)

营业外支出：借方累计余额＝1 500＋500＝2 000(元)

（3）结转 1—12 月份各收入、支出账户余额

借：主营业务收入　　　　　　　　　　　　　550 000

　　其他业务收入　　　　　　　　　　　　　　6 000

　　营业外收入　　　　　　　　　　　　　　　4 300

　贷：本年利润　　　　　　　　　　　　　　　　560 300

借：本年利润　　　　　　　　　　　　　　　479 000

　贷：主营业务成本　　　　　　　　　　　　　　407 000

　　　税金及附加　　　　　　　　　　　　　　　35 000

　　　销售费用　　　　　　　　　　　　　　　　25 500

　　　其他业务成本　　　　　　　　　　　　　　3 500

　　　管理费用　　　　　　　　　　　　　　　　3 300

　　　财务费用　　　　　　　　　　　　　　　　2 700

　　　营业外支出　　　　　　　　　　　　　　　2 000

（4）计算结转所得税费用

20×7 年利润总额＝560 300－479 000＝81 300

所得税费用＝81 300×25％＝20 325

借：所得税费用　　　　　　　　　　　　　　　　　20 325

　　贷：应交税费——应交所得税　　　　　　　　　　　　20 325

借：本年利润　　　　　　　　　　　　　　　　　　20 325

　　贷：所得税费用　　　　　　　　　　　　　　　　　　20 325

（5）将本年净利润转入"利润分配"账户

借：本年利润　　　　　　　　　　　　　　　　　　60 975

　　贷：利润分配——未分配利润　　　　　　　　　　　　60 975

# 第六章　成本计算

**（一）单项选择题**

1. C　2. D　3. D　4. D　5. C　6. B　7. B　8. B　9. C

10. B　11. C　12. D

**（二）多项选择题**

1. ABD　2. BCE　3. ACDE　4. ACE　5. ABCDE

**（三）判断题**

1. √　2. ×　3. √　4. √　5. ×　6. ×　7. ×　8. √　9. ×　10. ×

**（四）业务核算题**

1. 本月生产产品耗用的材料＝376 000＋460 000－680 000－72 600＝83 400(元)

本月发生的制造费用＝100 000＋72 600＋16 000＋12 000＝200 600(元)

本月完工产品成本＝125 000＋(83 400＋320 000＋200 600)－158 000＝571 000(元)

本月销售产品成本＝667 000＋571 000－750 000＝488 000(元)

本月利润总额＝1 300 000－488 000－(60 000＋4 800)－5 000－30 000＝712 200(元)

应纳所得税＝712 200×25％＝178 050(元)

本月净利润＝712 200－178 050＝534 150(元)

2. 首先对制造费用进行分配：

制造费用分配率＝440 000÷(65 000＋45 000)＝4

A 产品负担的制造费用＝65 000×4＝260 000(元)

B 产品负担的制造费用＝45 000×4＝180 000(元)

再计算 A、B 产品的总成本和单位成本：

A 产品总成本＝70 500＋(155 000＋65 000＋260 000)－26 500＝524 000(元)

A 产品单位成本＝524 000÷200＝2 620(元)

B 产品总成本＝75 800＋45 000＋180 000＝300 800(元)

B 产品单位成本＝300 800÷500＝601.6(元)

借：库存商品——A 商品　　　　　　　　　524 000

　　　　　　——B 商品　　　　　　　　　300 800

　　贷：生产成本——A 商品　　　　　　　　　　524 000

　　　　　　　　——B 商品　　　　　　　　　　300 800

3.(1) 会计分录如下。

1) 借：在途物资——A　　　　　　　　　36 600

　　　应交税费——应交增值税(进项税额)　　5 600

　　　贷：银行存款　　　　　　　　　　　　42 200

借：原材料——A　　　　　　　　　36 600

　　贷：在途物资——A　　　　　　　　　　36 600

2) 借：在途物资——B　　　　　　　　　41 450

　　　应交税费——应交增值税(进项税额)　　6080

　　　贷：银行存款　　　　　　　　　　　　47 530

借：原材料——B　　　　　　　　　41 450

　　贷：在途物资——B　　　　　　　　　　41 450

3) 借：在途物资——A　　　　　　　　　78 000

　　　在途物资——C　　　　　　　　　32 000

　　　应交税费——应交增值税(进项税额)　　17 600

　　　贷：银行存款　　　　　　　　　　　　127 600

采购费用分配率＝8 400÷(600＋800)＝6

A 材料负担的采购费用＝6×600＝3 600(元)

C 材料负担的采购费用＝6×800＝4 800(元)

借：在途物资——A　　　　　　　　　3 600

　　在途物资——C　　　　　　　　　4 800

　　贷：银行存款　　　　　　　　　　　　8 400

借：原材料——A　　　　　　　　　81 600

　　原材料——C　　　　　　　　　36 800

　　贷：在途物资——A　　　　　　　　　　81 600

　　　　在途物资——C　　　　　　　　　　36 800

4) 借：在途物资——C　　　　　　　　　2 000

　　　贷：库存现金　　　　　　　　　　　　2 000

借：原材料——C           2 000

     贷：在途物资——C           2 000

（2）如表 X5-3 所示。

表 X5-3  材料采购成本计算表        元

| 项目 | A 材料（850kg） | | B 材料（395kg） | | C 材料（800kg） | |
|---|---|---|---|---|---|---|
| | 总成本 | 单位成本 | 总成本 | 单位成本 | 总成本 | 单位成本 |
| 买价 | 113 000 | 133 | 38 000 | 96 | 38 800 | 48.5 |
| 采购费用 | 5 200 | 6 | 3 450 | 9 | 4 800 | 6 |
| 采购成本 | 118 200 | 139 | 41 450 | 105 | 43 600 | 54.5 |

4.（1）分配本月发生的制造费用

制造费用分配率＝210 600÷175 500＝1.2

A 产品负担的制造费用＝1.2×135 000＝162 000（元）

B 产品负担的制造费用＝1.2×40 500＝48 600（元）

结转本月的制造费用：

借：生产成本——A           162 000

         ——B           48 600

     贷：制造费用           210 600

（2）计算本月完工产品成本

A 产品月末在产品成本：(175＋68＋55)×400＝119 200（元）

A 产品完工总成本：130 800＋542 500＋135 000＋162 000－119 200＝851 100（元）

B 产品完工总成本：85 500＋188 000＋40 500＋48 600＝362 600（元）

结转本月完工产品成本：

借：库存商品——A           851 100

         ——B           362 600

     贷：生产成本——A           851 100

             ——B           362 600

# 第七章  账簿与期末业务的处理

（一）单项选择题

1. C  2. D  3. A  4. D  5. B  6. B  7. A  8. C  9. A

10. B  11. D  12. B  13. C

（二）多项选择题

1. ABC  2. AE  3. ACDE  4. BDE  5. ABC  6. ADE  7. BD  8. ABD

9. ACE  10. ABC

（三）判断题

1. √　2. ×　3. √　4. √　5. ×　6. ×　7. ×　8. ×　9. ×　10. ×

（四）业务核算题

1. （1）借：原材料——甲　　　　　　　　　　　　　　10 000

　　　　　　　——乙　　　　　　　　　　　　　　14 400

　　　　贷：银行存款　　　　　　　　　　　　　　　　　24 400

　　借：生产成本——A　　　　　　　　　　　　　　30 200

　　　　制造费用　　　　　　　　　　　　　　　　6 000

　　　　管理费用　　　　　　　　　　　　　　　　4 800

　　　贷：原材料——甲　　　　　　　　　　　　　　　14 000

　　　　　　　——乙　　　　　　　　　　　　　　　27 000

（2）见表 X7-1 至表 X7-3。

表 X7-1　原材料总账　　　　　　　　　　　　　　　　　　　　元

| 期初余额 | 50 000 | | |
|---|---|---|---|
| （1） | 24 400 | （2） | 41 000 |
| 期末余额 | 33 400 | | |

表 X7-2　原材料明细分类账

材料名称：甲材料　　　　　　　　　　　　　　　　　　　　　　元　　　　　　　　　　　　　　　　　　　　　　　　　　　　　千克

| 年 | | 凭证号 | 摘要 | 收入 | | | 发出 | | | 结存 | | |
|---|---|---|---|---|---|---|---|---|---|---|---|---|
| 月 | 日 | | | 数量 | 单价 | 金额 | 数量 | 单价 | 金额 | 数量 | 单价 | 金额 |
| 4 | 1 | | 期初余额 | | | | | | | 550 | 20 | 11 000 |
| 4 | 10 | （1） | 入库 | 500 | 20 | 10 000 | | | | 1 050 | 20 | 21 000 |
| 4 | 11 | （2） | 出库 | | | | 700 | 20 | 14 000 | 350 | 20 | 7 000 |
| | | | 期末余额 | | | | | | | 350 | 20 | 7 000 |

表 X7-3　原材料明细分类账

材料名称：乙材料　　　　　　　　　　　　　　　　　　　　　　元　　　　　　　　　　　　　　　　　　　　　　　　　　　　　千克

| 年 | | 凭证号 | 摘要 | 收入 | | | 发出 | | | 结存 | | |
|---|---|---|---|---|---|---|---|---|---|---|---|---|
| 月 | 日 | | | 数量 | 单价 | 金额 | 数量 | 单价 | 金额 | 数量 | 单价 | 金额 |
| 4 | 1 | | 期初余额 | | | | | | | 3 250 | 12 | 39 000 |
| 4 | 10 | （1） | 入库 | 1 200 | 12 | 14 400 | | | | 4 450 | 12 | 53 400 |
| 4 | 11 | （2） | 出库 | | | | 2 250 | 12 | 27 000 | 1 350 | 12 | 26 400 |
| | | | 期末余额 | | | | | | | 1 350 | 12 | 26 400 |

（3）见表 X7-4。

**表 X7-4　总分类账户与明细分类账户发生额及余额对照表**　　元

| 账户名称 | 月初余额 | | 本月发生额 | | 月末余额 | |
|---|---|---|---|---|---|---|
| | 借方 | 贷方 | 借方 | 贷方 | 借方 | 贷方 |
| 甲材料 | 11 000 | | 10 000 | 14 000 | 7 000 | |
| 乙材料 | 39 000 | | 14 400 | 27 000 | 26 400 | |
| 合计 | 50 000 | | 24 400 | 41 000 | 33 400 | |

2.（1）会计分录如下。

借：生产成本——A　　　　　　　　　8 880
　　　　　　——B　　　　　　　　　3 120
　　贷：原材料——甲　　　　　　　　　　　4 200
　　　　　　——乙　　　　　　　　　　　7 800

应付工资：

借：生产成本——A　　　　　　　　　4 000
　　　　　　——B　　　　　　　　　5 000
　　贷：应付职工薪酬　　　　　　　　　　　9 000

分配制造费用：

借：生产成本——A　　　　　　　　　4 800
　　　　　　——B　　　　　　　　　6 000
　　贷：制造费用　　　　　　　　　　　　　10 800

结转完工产品：

借：库存商品——A　　　　　　　　　24 920
　　　　　　——B　　　　　　　　　13 950
　　贷：生产成本——A　　　　　　　　　　24 920
　　　　　　　——B　　　　　　　　　　13 950

（2）见表 X7-5 和表 X7-6。

**表 X7-5　A 产品生产成本明细分类账**　　元

| 年 | | 凭证号 | 摘要 | 借方 | | | |
|---|---|---|---|---|---|---|---|
| 月 | 日 | | | 直接材料 | 直接人工 | 制造费用 | 合计 |
| 6 | 1 | | 期初余额 | 1 500 | 1 240 | 4 500 | 7 240 |
| | | | 直接材料 | 8 880 | | | 8 880 |
| | | | 直接人工 | | 4 000 | | 4 000 |
| | | | 制造费用 | | | 4 800 | 4 800 |

续表

| 年 | | 凭证号 | 摘要 | 借方 | | | |
|---|---|---|---|---|---|---|---|
| 月 | 日 | | | 直接材料 | 直接人工 | 制造费用 | 合计 |
| | | | 本期发生额 | 8 880 | 4 000 | 4 800 | 17 680 |
| | | | 完工产品成本 | 10 380 | 5 240 | 9 300 | 24 920 |

表 X7-6　B 产品生产成本明细分类账　　　　　　　　　　元

| 年 | | 凭证号 | 摘要 | 借方 | | | |
|---|---|---|---|---|---|---|---|
| 月 | 日 | | | 直接材料 | 直接人工 | 制造费用 | 合计 |
| | | | 直接材料 | 3 120 | | | 3 120 |
| | | | 直接人工 | | 5 000 | | 5 000 |
| | | | 制造费用 | | | 6 000 | 6 000 |
| | | | 本期发生额 | 3 120 | 5 000 | 6 000 | 14 120 |
| | | | 完工产品成本 | 3 030 | 4 950 | 5 970 | 13 950 |
| | | | 期末余额 | 90 | 50 | 30 | 170 |

3. 业务处理有错误,错账会计处理如下。

(1) 采用补充登记法

借:银行存款　　　　　　　　　　　　　　　　6300

　　贷:财务费用　　　　　　　　　　　　　　　　　　6300

(2) 采用划线更正法

将应收账款该笔金额划去,记入应付账款总账。

(3) 采用补充登记法

借:管理费用　　　　　　　　　　　　　　　　80

　　贷:库存现金　　　　　　　　　　　　　　　　　　80

(4) 采用红字更正法

借:银行存款　　　　　　　　　　　　　　　　40

　　贷:短期借款　　　　　　　　　　　　　　　　　　40

借:财务费用　　　　　　　　　　　　　　　　40

　　贷:银行存款　　　　　　　　　　　　　　　　　　40

# 第八章　财产清查

## (一) 单项选择题

1. B　2. B　3. C　4. A　5. D　6. C　7. A　8. C

## (二) 多项选择题

1. AD　2. ABC　3. BC　4. ABCDE

（三）判断题

1. × 2. × 3. √ 4. × 5. √ 6. × 7. × 8. √

（四）业务核算题

1. 见表 X8-1。

**表 X8-1 银行存款余额调节表**

2016 年 1 月 31 日 元

| 项 目 | 金额 | 项 目 | 金额 |
|---|---|---|---|
| 企业银行存款账面余额 | 33 736 | 银行对账单存款余额 | 26 708 |
| 加：银行已收入账企业尚未入账 | | 加：企业已收入账银行尚未入账 | |
| （1）存款利息 | 792 | （1）存入转账支票 | 9 700 |
| （2）银行代收款 | 1 400 | | |
| 减：银行已付入账企业尚未入账 | | 减：企业已付入账银行尚未入账 | |
| （1）银行为企业代付水电费 | 1 320 | （1）企业开出支票 | 1 600 |
| | | （2）企业开出支票 | 200 |
| 调节后的存款余额 | 34 608 | 调节后的存款余额 | 34 608 |

2. 见表 X8-2。

**表 X8-2 银行存款余额调节表**

2015 年 12 月 31 日 元

| 项 目 | 金额 | 项 目 | 金额 |
|---|---|---|---|
| 企业银行存款日记账余额 | 127 900 | 银行对账单余额 | 199 540 |
| 加：银行收到货款 | 38 090 | 加：未入账销货款 | 17 550 |
| 减：银行代付水电费 | 26 000 | 减：未付购料款 | 35 100 |
| | | 未付设备款 | 42 000 |
| 调节后的存款余额 | 139 990 | 调节后的存款余额 | 139 990 |

3. 会计分录如下。

（1）借：待处理财产损溢 1 500

　　　贷：原材料 1 500

（2）借：管理费用 1 000

　　　其他应收款 500

　　　贷：待处理财产损溢 1 500

（3）发现问题时：

① 借：固定资产 7 000

　　贷：累计折旧 2 000

　　　待处理财产损溢——待处理固定资产损溢 5 000

② 借：待处理财产损溢——待处理流动资产损溢          700
　　　贷：原材料——甲材料                              700
③ 借：原材料——乙材料                            400
　　　贷：待处理财产损溢——待处理流动资产损溢          400
上级指示处理意见后：
① 借：待处理财产损溢——待处理固定资产损溢        5 000
　　　贷：营业外收入                                5 000
② 借：管理费用                                  140
　　　贷：待处理财产损溢——待处理流动资产损溢          140
③ 借：待处理财产损溢——待处理流动资产损溢        400
　　　贷：管理费用                                  400

**（五）简答题**

1. 什么是财产清查？进行财产清查有哪些意义？

答：财产清查是指通过对货物、库存现金的实地盘点和对银行存款、债权债务的查对，来确定财产物资、货币资金和债权债务的实有数，并查明账面结存与实存数是否相符的一种专门方法。意义是：(1)提高会计资料的质量，保证会计资料的真实；(2)促进企业改善经营管理，挖掘各项财产的潜力；(3)促使财产物资保管人员加强责任感，以保证各项财产的安全完整。

2. 简述企业与银行之间发生未达账项的基本类型及其调整核对方法。

答：未达账项是指由于企业与银行之间对同一项业务，由于取得凭证的时间不同，导致记账时间不一致，而发生的一方已取得结算凭证并已登记入账，而另一方由于尚未取得结算凭证而尚未入账的款项。主要有以下四种情况。

(1)企业已收，银行未收款；(2)企业已付，银行未付款；(3)银行已收，企业未收款；(4)银行已付，企业未付款。

发现未达账项，可编制"银行存款余额调节表"，对未达账项进行调整。

3. 财产清查有哪些种类？

答：按照清查的范围不同进行分类：(1)全面清查：是对本企业全部财产进行盘点和核对。需要进行全面清查的情况：①年终决算之前；②单位关停并转或改变隶属关系；③中外合资、合营；④开展清产核资；⑤单位主要负责人调离工作。(2)局部清查：是对本企业一部分财产进行盘点和核对。需要局部清查的有：①库存现金每日盘点；②银行存款每月核对；③材料、在产品、产成品每月抽查；④贵重财产物资每月清查；⑤债权每年核对一到两次。

按照清查的时间不同进行分类：(1)定期清查：根据计划安排的时间(年末、季末、月末)进行清查。(2)不定期清查：根据需要进行临时清查。比如：更换保管员或出纳员；发生非常损失；有关单位对本企业进行审计时。

按照清查的执行单位不同进行分类：(1)内部清查：本企业有关人员对本企业财产进行清查。(2)外部清查：外部有关单位或人员对本企业财产进行清查。

4. 进行正式清查前，应做哪些准备工作？

答：(1) 组织上的准备，成立由财会、设备、技术、生产及行政等有关部门的人员组成财产清查领导小组。具体负责制订财产清查的工作计划，检查和监督清查工作，写出清查报告，提出清查结果的处理意见。

(2) 业务上的准备，会计部门准备账存数，财产物资保管部门准备实存数，清查人员准备计量器具、凭证和表格等。

# 第九章　财务会计报告

## (一) 单项选择题

1. D　2. B　3. B　4. D　5. C　6. C　7. A　8. B

## (二) 判断题

1. √　2. ×　3. ×　4. ×　5. √　6. ×　7. ×　8. √

## (三) 业务核算题

1. 资产负债表有关项目见表 X9-1。

**表 X9-1　资产负债表**

单位：大华公司　　　　　　　　　2017 年 12 月 31 日　　　　　　　　　元

| 资产 | 期末数 | 负债及所有者权益 | 期末数 |
|---|---|---|---|
| 流动资产 | | 流动负债 | |
| 货币资金 | 2 900 | 短期借款 | 35 000 |
| 短期投资 | 24 000 | 应付账款 | 4 700 |
| 应收账款 | 4 200 | 预收账款 | 3 500 |
| 减：坏账准备 | 200 | 未付利润 | 15 000 |
| 应收账款净额 | 4 000 | 流动负债合计 | 58 200 |
| 预付账款 | 3 100 | 长期负债 | |
| 存货 | 96 200 | 长期借款 | 25 000 |
| 流动资产合计 | 130 200 | 长期负债合计 | 25 000 |
| 长期投资 | | 所有者权益 | |
| 长期投资 | 21 000 | 实收资本 | 124 000 |
| 固定资产 | | 资本公积 | 16 000 |
| 固定资产原值 | 160 000 | 盈余公积 | 4 000 |
| 减：累计折旧 | 58 000 | 未分配利润 | 26 000 |
| 固定资产净值 | 102 000 | 所有者权益合计 | 170 000 |
| 固定资产合计 | 102 000 | | |
| 资产合计 | 253 200 | 负债及所有者权益合计 | 253 200 |

2. 编制损益表,如表 X9-2 所示。

**表 X9-2　损益表**

2018 年 1 月　　　　　　　　　　　　　　　　　　　　　　　　元

| 项　　目 | 本月数 | 本年累计数 |
|---|---|---|
| 一、主营业务收入 | 18 000 | 18 000 |
| 　减:主营业务成本 | 6 500 | 6 500 |
| 　　营业费用 | — | — |
| 　　税金及附加 | 3 000 | 3 000 |
| 二、主营业务销售利润 | 8 500 | 8 500 |
| 　加:其他业务利润 | 2 000 | 2 000 |
| 　减:管理费用 | 3 200 | 3 200 |
| 　加:投资收益 | 1 200 | 1 200 |
| 三、营业利润 | 8 500 | 8 500 |
| 　加:营业外收入 | 1 000 | 1 000 |
| 　减:营业外支出 | 1 500 | 1 500 |
| 四、利润总额 | 8 000 | 8 000 |
| 　减:所得税费用 | 1 200 | 1 200 |
| 五、净利润 | 6 800 | 6 800 |

**(四) 简答题**

1. 简述会计报表的编制要求。

答:内容完整、数字真实、计算正确、编报及时。

2. 什么是资产负债表?资产负债表能提供哪些信息?

答:资产负债表是总括反映企业一定日期全部资产、负债和所有者权益情况的会计报表,是月报表。该表可提供的信息有:(1)企业所掌握的经济资源及其分布情况;(2)企业资金的来源渠道和构成情况。

3. 什么是损益表?损益表能提供哪些信息?

答:损益表亦称利润表,是总括反映企业在一定时期内利润(或亏损)的实际形成情况的会计报表。该表可提供的信息有:(1)企业在一定时间内取得的全部收入,包括营业收入、投资收入和营业外收入;(2)企业在一定时间内发生的全部费用和支出,包括营业成本、销售费用、管理费用、财务费用和营业外支出;(3)其他业务利润;(4)全部收入支出相抵后计算出企业一定时间内实现的利润(或亏损)总额。

# 教学支持说明

## 财务会计（英文版·第 11 版）

**本书特色**
经典的财务会计教材，配有中文翻译版，课件齐全。

**教辅材料**
课件、习题库

书号：9787302561934
作者：[美]沃尔特·小哈里森 查尔斯·亨格瑞 威廉·托马斯 温迪·蒂兹
定价：115.00 元
出版日期：2020.9

任课教师免费申请

## 财务会计（第 11 版）

**本书特色**
经典的财务会计教材，配有英文影印版，教辅资源丰富，有中文课件。

**教辅材料**
课件、习题库、习题答案

书号：9787302508038
作者：[美]沃尔特·小哈里森 等 著，赵小鹿 译
定价：109.00 元
出版日期：2018.9

任课教师免费申请

## 数字财务

**本书特色**
内容前沿，案例丰富，四色印刷，实操性强。

**教辅材料**
教学大纲、课件

书号：9787302562931
作者：彭娟 陈虎 王泽霞 胡仁昱
定价：98.00 元
出版日期：2020.10

任课教师免费申请

## 财务会计学（第二版）

**本书特色**
体现最新会计准则和会计法规，实用性强，习题丰富，内容全面，课件完备。

**教辅材料**
教学大纲、课件

书号：9787302520979
作者：王秀芬 李现宗
定价：55.00 元
出版日期：2019.3

任课教师免费申请

## 中级财务会计（第二版）

**本书特色**
教材内容丰富，语言通俗易懂。编者均为教学第一线且教学经验丰富的教师，善于用通俗的语言阐述复杂的问题。教材的基本概念源于企业会计准则，比较权威，并根据作者的知识和见解加以诠释。

**教辅材料**
课件、习题

书号：9787302566793
作者：潘爱玲主编，张健梅 副主编
定价：69.00 元
出版日期：2021.11

任课教师免费申请

## 中级财务会计

**本书特色**
"互联网＋"教材，按照新准则编写，结构合理，形式丰富，课件齐全，便于教学。

**教辅材料**
教学大纲、课件

书号：9787302532378
作者：仲伟冰 赵洪进 张云
定价：59.00 元
出版日期：2019.8

任课教师免费申请

## 中级财务会计

**本书特色**
根据最新会计准则编写，应用型高校和高职适用教材，案例丰富，结构合理，课件齐全。

**教辅材料**
课件、教学大纲、习题答案

书号：9787302505099
作者：曹湘平 陈益云
定价：52.50 元
出版日期：2018.7

任课教师免费申请

## 中级财务会计实训教程

**本书特色**
"互联网 +"教材，课件齐全，便于教学。

书号：9787302564089
作者：郑卫茂 郭志英 章雁
定价：55.00 元
出版日期：2020.9

任课教师免费申请

## 中级财务会计（全两册）

**本书特色**
国家和北京市一流专业建设点所在团队编写，基于最新会计准则和税收法规，全书包含教材和习题共两册，内容全面，提供丰富的教辅资源，便于教学。

**教辅材料**
教学大纲、课件

**获奖信息**
国家级一流专业、国家级一流课程建设成果，北京高等学校优质本科教材课件

书号：9787302543015
作者：毛新述
定价：88.00 元
出版日期：2020.2

任课教师免费申请

## 高级财务会计

**本书特色**
应用型本科教材，篇幅适中，课件齐全，销量良好。

**教辅材料**
教学大纲、课件

书号：9787302525042
作者：田翠香、李宜
定价：49.00 元
出版日期：2019.6

任课教师免费申请

## 高级财务会计理论与实务（第 2 版）

**本书特色**
"互联网 +"教材，配套课件及案例完备，结构合理，应用性强，多次重印。

**教辅材料**
课件

书号：9787302518617
作者：刘颖斐 余国杰 许新霞
定价：45.00 元
出版日期：2019.3

任课教师免费申请

## 高级财务会计

**本书特色**
"互联网 +"教材，应用性强，篇幅适中，结构合理，课件完备，便于教学。

**教辅材料**
课件

书号：9787302525721
作者：游春晖 王菁
定价：45.00 元
出版日期：2019.4

任课教师免费申请

## 高级财务会计

**本书特色**
国家级一流专业、国家级一流课程建设成果、北京市优质教材、应用型本科教材，"互联网+"新形态教材，内容丰富，案例新颖，篇幅适中，结构合理，课件完备，便于教学。

**教辅材料**
课件

**获奖信息**
国家级一流专业、国家级特色专业建设成果

书号：9787302564621
作者：张宏亮
定价：59.00 元
出版日期：2021.11

任课教师免费申请

## 会计综合技能实训（第二版）

**本书特色**
应用性强、篇幅适中、结构合理、课件完备，便于教学。

**教辅材料**
教学大纲、课件

书号：9787302537885
作者：马智祥 郑鑫 等
定价：28.00 元
出版日期：2019.11

任课教师免费申请

## 企业会计综合实训（第二版）

**本书特色**
定位高职，实用性强，案例丰富，课件齐全。

**教辅材料**
教学大纲、课件

书号：9787302571155
作者：刘燕 等
定价：20.00 元
出版日期：2021.1

任课教师免费申请

## 成本会计实训教程

**本书特色**
应用型创新实践实训教材，注重实际操作，有效提升会计操作技能，提供教学课件、数据和参考答案，方便教学和自学。

**教辅材料**
教学大纲、课件

书号：9787302571490
作者：徐梅鑫 余良宇
定价：45.00 元
出版日期：2021.1

任课教师免费申请

## 管理会计导论（第 16 版）

**本书特色**
全球最畅销管理会计教材，原汁原味地反映了最新的会计教育理念，无任何删减，教辅资料配套齐全，便于教学使用。

**教辅材料**
教学大纲、课件

书号：9787302487111
作者：亨格瑞 著，刘俊勇 译
定价：88.00 元
出版日期：2019.1

任课教师免费申请

## 管理会计实践教程

**本书特色**
"互联网+"教材，课件齐全，便于教学。

书号：9787302570394
作者：肖康元
定价：50.00 元
出版日期：2021.1

任课教师免费申请

。会计学。

## 管理会计

**本书特色**

"互联网+"教材，配套资源丰富，课程思政特色鲜明，增设在线测试题。

**教辅材料**

教学大纲、课件

书号: 9787302574897
作者: 高樱 徐琪霞
定价: 49.00 元
出版日期: 2021.3

任课教师免费申请

## 会计信息系统（第二版）

**本书特色**

应用型本科教材，"互联网+"教材，郭道扬推荐，内容丰富，案例新颖，篇幅适中，结构合理，习题丰富，课件完备，便于教学。

**教辅材料**

教学大纲、课件、习题答案、试题库、模拟试卷、案例解析

书号: 9787302553069
作者: 杨定泉
定价: 49.80 元
出版日期: 2020.6

任课教师免费申请

## 会计学教程（第二版）

**本书特色**

浙江大学名师之作，"互联网+"教材，畅销教材，习题丰富，课件完备。

**教辅材料**

教学大纲、课件、习题答案、试题库、模拟试卷

书号: 9787302548881
作者: 徐晓燕 车幼梅
定价: 49.80 元
出版日期: 2020.6

任课教师免费申请

## 会计学（第三版）

**本书特色**

畅销教材，按新准则升级，新形态教材，南开大学倾力打造，教辅齐全，形式新颖。

**教辅材料**

教学大纲、课件、习题答案

**获奖信息**

国家级精品课配套教材

书号: 9787302536574
作者: 王志红 周晓苏
定价: 59.00 元
出版日期: 2019.9

任课教师免费申请

## 资产评估模拟实训

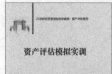
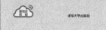

**本书特色**

"互联网+"教材，案例丰富新颖，教辅材料齐全，便于教学。

**教辅材料**

教学大纲、课件、习题答案、试题库、模拟试卷、案例解析、其他素材

书号: 9787302558811
作者: 闫晓慧 王琳 范雪梅 张莹
定价: 52.00 元
出版日期: 2020.9

任课教师免费申请

## 会计学原理

**本书特色**

"互联网+"教材，应用型本科教材，内容丰富，案例新颖，篇幅适中，结构合理，习题丰富，课件完备，便于教学。

**教辅材料**

课件

书号: 9787302527169
作者: 何玉润
定价: 59.00 元
出版日期: 2019.5

任课教师免费申请

## 基础会计学（第二版）

**本书特色**

应用型本科教材，内容丰富，案例新颖，篇幅适中，结构合理，课件完备，便于教学。

**教辅材料**

教学大纲、课件

书号：9787302545545
作者：李迪等
定价：48.00 元
出版日期：2019.12

任课教师免费申请

## 基础会计（第二版）

**本书特色**

刘永泽总主编，畅销教材，云南省精品教材，内容丰富，案例新颖，篇幅适中，结构合理，习题丰富，课件完备，便于教学。

**教辅材料**

教学大纲、课件、习题答案、试题库、模拟试卷

**获奖信息**

云南省精品课程配套教材

书号：9787302550846
作者：姚荣辉
定价：49.80 元
出版日期：2020.4

任课教师免费申请

## 基础会计实训教程

**本书特色**

应用型本科教材，内容丰富，案例新颖，篇幅适中，结构合理，课件完备，便于教学。

**教辅材料**

教学大纲、课件

书号：9787302520047
作者：李红萍
定价：45.00 元
出版日期：2019.1

任课教师免费申请

## 基础会计

**本书特色**

应用型本科教材，内容丰富，案例新颖，篇幅适中，结构合理，课件完备，便于教学。

**教辅材料**

教学大纲、课件

书号：9787302520030
作者：李红萍
定价：48.00 元
出版日期：2019.1

任课教师免费申请

## 审计学原理

**本书特色**

定位高职，实用性强，案例丰富，课件齐全。

**教辅材料**

教学大纲、课件

书号：9787302556978
作者：祁红涛 等
定价：49.80 元
出版日期：2020.7

任课教师免费申请

## 审计学

**本书特色**

国家级一流专业、国家级一流课程建设成果，应用型本科教材，"互联网＋"教材，内容丰富，案例新颖，篇幅适中，结构合理，课件完备，便于教学。

**教辅材料**

课件

**获奖信息**

国家级一流专业、国家级特色专业建设成果。

书号：9787302563396
作者：赵保卿 主编，杨克智 副主编
定价：69.00 元
出版日期：2021.1

任课教师免费申请

◦ 会计学 ◦

## 审计学（第二版）

**本书特色**

应用型本科教材，"互联网+"教材，郭道扬推荐，内容丰富，案例新颖，篇幅适中，结构合理，习题丰富，课件完备，便于教学。

**教辅材料**

教学大纲、课件、习题答案、试题库、模拟试卷

书号: 9787302553076
作者: 叶忠明
定价: 49.80 元
出版日期: 2020.6

任课教师免费申请

## 税务会计（第三版）

**本书特色**

新形态教材，依据最新税收法规制度编写，配有丰富的教学资源。案例丰富，习题丰富，课件齐全。

**教辅材料**

课件、教学大纲、习题及答案、试题库、模拟试卷、案例解析、其他素材

书号: 9787302556671
作者: 王迪 臧建玲 马云平 华建新
定价: 49.00 元
出版日期: 2020.8

任课教师免费申请

## 银行会计

**本书特色**

根据最新会计准则编写，应用型高校和高职适用教材，案例丰富，结构合理，课件齐全。

**教辅材料**

课件

书号: 9787302501008
作者: 汪运栋
定价: 57.00 元
出版日期: 2018.6

任课教师免费申请

## 预算会计

**本书特色**

应用型本科教材，篇幅适中，课件齐全，销量良好。

**教辅材料**

教学大纲、课件

书号: 9787302529064
作者: 王悦 张南 焦争昌 赵士娇 刘亚芬
隋志纯 赵玉荣
定价: 49.00 元
出版日期: 2019.6

任课教师免费申请

## 新编政府与非营利组织会计

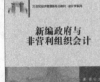

**本书特色**

"互联网+"教材，配套资源丰富，增设在线测试题。

**教辅材料**

教学大纲、课件

书号: 9787302558729
作者: 董普 王晶
定价: 49.00 元
出版日期: 2020.7

任课教师免费申请

## 商业伦理与会计职业道德

**本书特色**

时效性强，名师佳作，配套资源丰富，课程思政特色突出。

**教辅材料**

教学大纲、课件

书号: 9787302557807
作者: 叶陈刚 叶康涛 干胜道 王爱国 李志强
定价: 49.00 元
出版日期: 2020.7

任课教师免费申请

## 高新技术企业账务实操

**本书特色**

搭配用友新道软件，定位高职，实用性强，案例丰富，课件齐全。

**教辅材料**

教学大纲、课件

书号：9787302562771
作者：杨彩华 吴凤霞
定价：49.00 元
出版日期：2020.10

任课教师免费申请

## 现代商贸企业账务实操

**本书特色**

搭配用友新道软件，定位高职，实用性强，案例丰富，课件齐全。

**教辅材料**

教学大纲、课件

书号：9787302553618
作者：石其彪
定价：49.00 元
出版日期：2020.8

任课教师免费申请

## 会计学（第二版）

**本书特色**

新形态教材，实操性强，案例丰富，配有大量教学资源。

**教辅材料**

教学大纲、课件、习题答案、试题库、模拟试卷、案例解析、其他素材

书号：9787302588375
作者：闫晓慧、王琳、范雪梅、张莹
定价：59.80 元
出版日期：2021.8

任课教师免费申请

## 成本管理会计（第 2 版）

**本书特色**

最新改版，应用型本科教材，互联网＋教材，习题丰富，课件齐全。

**教辅材料**

教学大纲、课件、习题答案、试题库、模拟试卷、案例解析

书号：9787302548379
作者：肖康元
定价：59.80 元
出版日期：2020.6

任课教师免费申请

## 会计学

**本书特色**

厦门大学名师大作，"互联网＋"教材，权威、畅销教材，内容结构合理，习题配套丰富，课件齐全，非常便于教学。

**教辅材料**

教学大纲、课件、习题答案、试题库、模拟试卷

书号：9787302487470
作者：刘峰
定价：39.00 元
出版日期：2019.6

任课教师免费申请

## 财务会计学（第二版）

**本书特色**

体现最新会计准则和会计法规，实用性强，习题丰富，内容全面，课件完备。

**教辅材料**

教学大纲、课件、习题答案、试题库

书号：9787302520979
作者：王秀芬 李现宗
定价：55.00 元
出版日期：2019.3

任课教师免费申请

°会计学°

## 会计综合实验教程（第二版）

**本书特色**

应用型本科教材，内容丰富，案例新颖，篇幅适中，结构合理，习题丰富，课件完备，便于教学。

**教辅材料**

教学大纲、课件

书号：9787302524335
作者：王秀芬
定价：45.00 元
出版日期：2019.4

任课教师免费申请